# 林则徐

Lin Zexu

# 林则徐

*Lin Zexv*

皮波人物国际名人研究中心 编著

国际文化出版公司

·北京·

**图书在版编目（CIP）数据**

林则徐/皮波人物国际名人研究中心编著.--北京：国际文化出版公司，2012.10（2024.2重印）
（名人传记丛书）
ISBN 978-7-5125-0395-3

Ⅰ.①林… Ⅱ.①皮… Ⅲ.①林则徐(1785～1850)—传记 Ⅳ.①K827-52

中国版本图书馆CIP数据核字（2012）第145614号

**林则徐**

| | |
|---|---|
| **作　　者** | 皮波人物国际名人研究中心　编著 |
| **责任编辑** | 赵　辉 |
| **统筹监制** | 葛宏峰　刘　毅　任立雍 |
| **策划编辑** | 任　娜 |
| **美术编辑** | 丁鉷煜 |
| **出版发行** | 国际文化出版公司 |
| **经　　销** | 国文润华文化传媒（北京）有限责任公司 |
| **印　　刷** | 北京一鑫印务有限责任公司 |
| **开　　本** | 700毫米×1000毫米　16开<br>8印张　75千字 |
| **版　　次** | 2012年10月第1版<br>2024年2月第3次印刷 |
| **书　　号** | ISBN 978-7-5125-0395-3 |
| **定　　价** | 31.00元 |

国际文化出版公司
北京市朝阳区东土城路乙9号　　邮编：100013
总编室：（010）64270995　　传真：（010）64270995
销售热线：（010）64271187
传真：（010）64271187-800
E-mail：icpc@95777.sina.net

# 目录

# 目录

# 目录

# 少年奇才

## 家族渊源

林则徐是清朝后期著名的政治家和思想家，同时也是著名的诗人。他自幼就勤奋好学，饱读诗书，这和他的家世是分不开的。相传林则徐的家谱，可以一直追溯到春秋时期。在《论语》中被孔子称赞所问的问题意义重大的林放，就是林则徐的先祖。林氏一族自唐代起就在福建定居，明代是林氏家族的鼎盛时期，香火旺盛，名人辈出。然而盛极必衰，林氏在清朝初年家道中落,家族成员也都分散到了沿海各地。林则徐的祖上这一支最后辗转迁到福州，一连几代人都是饱读诗书的儒生，过着穷苦而不得志的日子。

林则徐的祖父林万选是个穷秀才，父亲林宾日原名林天翰，号旸谷，是林万选的第四子。林宾日从小就勤奋读书，希望有朝一日能够金榜题名，光宗耀祖，重现林氏一族的辉煌。无奈家境贫寒，父兄又都不在身边，林宾日一直都是自学，直到 13 岁才得以入私塾。

林宾日身体不好，又运气不佳，一直没能在科场上得偿所愿。再加上家境不好，一直到 29 岁，都没人肯把自己的女儿嫁给他。

虽然林宾日屡试不第，但这并不代表他没有才华，勤奋刻苦的他写得一手好文章。当时的名儒陈时庵偶然间看到他的文章，大为赞赏，觉得他是个很有才华、很有潜力的人，于是就把刚满 18 岁的女儿许配给他。

林宾日的夫人是一个养尊处优的官家小姐。嫁给林宾日这样一个穷秀才，她毫无怨言，勤俭持家，和林宾日过着布衣荆钗、贫困交加的苦日子却也安之若素。她天生心灵手巧，善做女工，擅长剪纸，剪下的花草图案栩栩如生，很受人们的欢迎，因此也能靠这些贴补一些家用。她把这套绝活教给了八个女儿，一家人时常靠给人剪纸才能勉强度日。

乾隆五十年（1785 年）八月三十日那天，天气炎热，酷暑难消，林宾日的夫人即将临盆，不料突然间乌云密布，大雨倾盆而下，林则徐就在这盛夏的暴雨中出生了。至于他的名字的由来，有这样一种说法：当时的福建巡抚徐嗣曾正乘轿出行，刚走到西门街定远桥附近时大雨就开始下了起来。巡抚大人见雨势太大，只好在此下轿避雨，找来找去只看见一间破旧的房屋，他连忙走过去，正在四下张望里面有没有人时，忽然听到一阵婴儿呱呱坠地的啼哭声，原来他走到了林宾日的家中，那个啼哭的婴孩，就是刚刚出生的林则徐。

巡抚先是吃了一惊，继而喜出望外。雨停之后，巡抚正犹豫着要不要向主人家道贺，林宾日刚巧从外面回来。林宾日发现自家门口簇拥着官府的仪队，心中一惊，不知道发生了什么事，进屋一看，里面又赫然站着一位红帽大员，着实吓了一跳。后来得知徐巡抚只是路过避雨便松了一口气。他看到 26 岁的妻子生下的男孩健康可爱，心中很是欢喜。不过更让他感到高兴的是，在儿子出生之际有贵人光临，让这位屡试不第的老儒生认定这是一个好兆头，因此给儿子取名则徐，希望有朝一日儿子也能成为像徐巡抚一样受人称道的好官。

徐嗣曾是浙江海宁人（清置海宁州，属杭州府），这年刚由福建布政使晋升为巡抚，他在整个福建声名很好，林宾日对他也是十分敬重。徐巡抚为官清廉，注重选拔人才，并能虚心听取别人的意见。他的所作所为给许多有志青年莫大的鼓励，人人都奋发自强，想要博得他的青睐。

林宾日夫妇结婚八年，只有林则徐这一个男孩。林则徐上面本有一个哥哥，可惜夭折了，后来又有了一个弟弟，却被过继给了他的伯父。即便是这样，林家的人口也不少，林则徐有八个姐妹，而父亲林宾日却只是个教书匠，家中收入微薄，可想而知，林则徐幼年的生活十分清苦。

## 初上科考

林则徐出生的时候，37 岁的林宾日已经中了秀才，本打算再接再厉考中举人，却始终无法如愿。慢慢地，林宾日的仕途之心也就淡了，只把自己对功名的热切之心全部倾注在儿子身上，格外重视对林则徐的教育。

林则徐从小就聪明伶俐，所以林宾日在他 4 岁的时候就开始教他识字，7 岁的时候就开始锻炼他写文章。有人劝林宾日说孩子太小，林宾日却骄傲地回答说："这孩子很聪明，只要方法得当，就能引导出他天生的灵性。否则让他浑浑噩噩地过日子，反而浪费了他的灵性。"

家中的人口众多，经常困难到靠稀饭度日的地步，家里大大小小都为了生计忙碌。林则徐很懂事，看到大家都工作赚钱，自己也想帮忙做些事情，每当这时候，母亲就会劝他安心读书，有朝一日能够光耀门楣就是他们最大的安慰了。

一家人的粥愈来愈稀了，当时的很多亲朋好友都劝林宾日，林则徐聪明机警，不如让他学些别的，帮忙贴补家用，也省得一家子生活压力这么大。但是林宾日不为所动，坚持让林则徐读书，他相信自己儿子的前途一定不可限量。

在父亲的教导下，林则徐很快就让大家刮目相看了。八九岁的时候，林则徐就常常语出惊人，写的文章也受到很多人的赞赏。元宵节时，处处都张灯结彩，林则徐和老师同学们一起赏灯吟诗，老师随口念了一句应景的上联：

点几盏灯为乾坤作福

话音刚落，林则徐就对曰：

打一声鼓代天地行威

林则徐的文思敏捷让老师都感到震惊，这小小年纪的弟子才气凌人，心胸宽阔，气吞山河，老师对他连声称赞。林宾日得知后欣慰不已。

还有一次，老师带着学生们游福州城外的鼓山，林则徐跟随大家登上了顶峰，下面就是茫茫的大海。老师命学生以“山”“海”开头作七言对联，林则徐的对子让老师觉得很有新意和气魄，他朗朗地诵道：

海到无边天作岸　山登绝顶我为峰

林则徐年纪不大，气势却不亚于庄子那种“独与天地精神往来”的气概，他那开阔的胸襟和高超的志趣在此时就可见一斑。

虽然大家都不用林则徐干活，但是他还是做一些力所能及的事，比如，每天上学之前，他会把母亲和姐妹们做的各种手工艺品送到店铺寄卖，晚上放学后再去收钱交给母亲。这段清贫的日子对林则徐影响很深，他一生清廉节俭，生性淡泊，不怕吃苦，关注下层人民，也从不以自己的出身贫寒为耻，都要归功于幼年的这段生活经历。林宾日希望自己的儿子能成为像徐巡抚那样的好官，林则徐做到了，甚至青出于蓝。后来他曾把儿时的往事写成两篇文章，那就是著名的《先妣事略》和《先考事略》。

有一年除夕夜,邻居们听到欢天喜地的笑声从林家传来，大家感到好奇，纷纷从短墙上窥探，却看到十多口人正围着桌子，吃一盘素炒豆腐，油灯也比平时亮了些，一家人其乐融融，脸上的笑容让旁人羡慕不已。后来每逢过年，林家的后人就会点燃一盏两根灯芯的油灯，吃一盘素炒豆腐，一代一代地缅怀当年的岁月。

林宾日始终保持着读书人的风骨和纯真朴实的个性，多年的贫困养成了他安贫乐道的性格，就算是后来林则徐为官之后，他也不愿意过官府老太爷的生活，一旦发生了水灾、饥荒等事情,他就为了百姓四处奔走。他拒绝了儿子的奉养，还常常写信给儿子，劝他遇到荒年时要多放米粮，禁止富人囤积，加强各项医护工作等，林则徐之所以成为一个爱民如子的好官，是和林宾日的教导分不开的。

天资聪颖的林则徐终于迎来了科举考试的那一天。当时的福州文风鼎盛，竞争激烈，从府试、院试再到面试，林则徐一路披荆斩棘，终于在嘉庆二年（1797年）进入了最后的面试。当时只剩下一位须发皆白的老童生和他一起面见主考官了。经过数轮的考验，二人还是难分高下，最后主考官只得另出对子要他们对句。对对子可谓是林则徐的强项，一般人都难不倒他，对于各种对子，林则徐都几乎是信手拈来。

所以当主考官伸手指着他说“童子何知”时，林则徐从容不迫地答道:“大人利见”,考官再望着老童生,老童生沉默无语,半晌方颓然叹道:“老夫老矣!”

林则徐以13岁稚龄夺得府试冠军，14岁就成为一位年轻的秀才，引起了大家的关注。众人纷纷认定他前途无量，必成大器，河南知县郑大模更是对林则徐青睐有加，把当时年仅10岁的女儿淑卿许配给了他。早在林则徐八九岁的时候，这位进士出身的知县就见过他，当时林则徐以一句不假思索的“天马行空”对他的“山鸡舞镜”，郑县令连连拍案称绝，当时就已经萌生了招他为女婿的念头。

林则徐在20岁的时候中了举人，随后就和已经定过亲的郑家小姐淑卿完婚。虽然淑卿是县令千金,但是贤惠过人,丝毫不嫌弃林家的贫寒,而且持家有道,虽然生活有些艰难,但是夫妻二人相敬如宾，生活倒也和谐美满。淑卿自幼熟读诗书，写得一手好字，棋艺也很不错，是个蕙质兰心的大家闺秀，更是林则徐的贤内助。

婚后郑淑卿共生了四子三女。长子林汝舟科举考试的成绩很不错，位列二甲第六名，后来和林则徐一样，也进入了翰林院。次子秋柏很早就去世了。三子聪彝也进入仕途，后来担任浙江按察使。四子拱枢后来担任汾州府的知府。长女和三女后来都长成了知书达理的姑娘，最后都嫁到了读书人家，次女敬纫嫁给了历史上著名的沈葆桢。

# 步入仕途

# 终遇伯乐

成家之后的林则徐要承担起养家糊口的责任，于是便在一个偏僻的小县长乐县（抑或福清县或古田县）中找了一份文书的工作。弱冠之年，才高八斗，却只能在这个偏远的小县中靠着微不足道的文书工作营生，过着平凡无奇的生活。然而林则徐并不气馁，他相信只要努力，老天一定会给他机会。终于，老天赐给他一段奇遇，让他离开这个闭塞的环境，了解了朝廷政事及兵家要领。

这个千载难逢的机会，林则徐人生当中的第一个转折，在嘉庆十一年除夕的前一天晚上到来了。马上就要过除夕了，张师诚收到了许多贺帖。身为福建巡抚，他收到的贺帖都暗藏乾坤，那些想要引起他注意的人都会在这上面花心思，下工夫。作为一个有心发掘人才的官员，他对贺帖也非常重视。

一连翻过不少贺帖，终于有一封与众不同的贺帖令他眼睛一亮，他细细品读，不禁大为赞赏。这封贺帖就是林则徐所写。张师诚从字里行间感觉到了这位长乐县小吏的资颖不凡，很想亲见此人，认真了解一下他的才华和人品。张师诚迫不及待地传来随从，嘱咐他即刻赶到长乐县，向知县打听这封贺帖的执笔之人，并立刻请他来此，不必多言，更不可怠慢，要打听清楚他的家世，注意他的言行举止。

知县一大早就遇上巡抚大人的差役，说是要找写贺帖的文书先生。知县察言观色，只见此人神情肃穆，心里一慌，以为是出了什么大事，连忙派人找到了正要回家过年的林则徐。林则徐听说是巡抚召见，倒是从容不迫，并不慌张，只是心中好奇，要去看个究竟。

张巡抚见林则徐眉清目秀、精神焕发，比他想象的要年轻许多，又听说他是一位 20 岁的举人，遇事沉着稳重，待人不卑不亢，就预感此人能当大任，定能成为一个了不起的人物。张巡抚心中想考量他一番，连声夸林则徐的贺帖写得好，希望他能帮忙写一篇奏折，又拿出一大沓案卷，让林则徐连夜拟出简明扼要的办法。

张巡抚一走，林则徐马上投入到工作当中，先察看卷宗了解案情，然后拟定办法。外面响起了节日的爆竹声，人们纷纷敲锣打鼓欢庆新年，但是林则徐充耳不闻，完全投入到了思考当中。

林则徐一直忙到五更天，张巡抚捧读他拟好的奏折，觉得十分满意，但他还想再考验林则徐一番，当年黄石公几度抛下鞋子，张良都不厌其烦帮忙去捡，张巡抚想到这，刻意脸色一沉，故意找茬挑毛病，提笔随意涂改了几个字，然后扔给林则徐重新写。

林则徐并不言语，只是耐心地把文章重新工整地抄写了一遍，当张巡抚再次进来时，看到重新抄写的奏折和林则徐那波澜不惊的神色，心中赞叹不已，诚恳地朝林则徐深深一揖，说道："希望你不要介意我先前的无理和唐突。老夫有幸！遇到一位栋梁之材，阁下将来的功业，必在我之上。"说着就要扶林则徐上座。

林则徐十分惊讶，再三谦称："学生不敢。"张巡抚一笑，坦白道出他考验林则徐是否有真才实学的苦心。他还鼓励林则徐学习经世济民的大学问，指导他熟读名家经典。

张巡抚个性机敏，办事精明，阅历丰富，曾到江西、福建、广东、安徽、山西、江苏等处巡查，在福建任官八年，政绩显著，尤其是他逮捕海盗蔡牵，深受大家的敬佩。他对清朝典章制度及兵刑吏治都有所涉猎，他想要全力栽培林则徐，招他为自己的幕僚，把自己的学识及经验悉心传给他。林则徐感动得热泪盈眶，伏地叩谢。他知道自己守得云开见月明了，张巡抚无疑是给了他一个崭新的生命。

告别了张巡抚，林则徐连忙赶回家过年，父亲林宾日告诉他，抚台大人派人送了一百两银子作为新年贺礼，说林则徐在官府有要事办理，早上方可回家，让家人安心。

林则徐在张师诚的身边认真学习了四年。张师诚对国家的忠诚，求贤若渴的心情，都深深影响了林则徐。后来林则徐也积极为朝廷举荐人才，最著名的就是左宗棠。林则徐对张师诚感恩戴德，也同样地注意礼贤下士，不厌其烦地听取他们的意见。聪明人都易流于浮躁，但林则徐却懂得推功让贤，待人诚恳。他的缺点就是性子太急，经常控制不住自己的脾气，又执法太严，因此在他房中的墙上挂有“制一怒字”的字幅，希望自己能够做到自律、自省。

## 水利专家

嘉庆十三年和十四年的会试，林则徐都没有参加。林则徐一直在张师诚那学习，作为张师诚的幕僚，他和张师诚亦师亦友，相处得很愉快。嘉庆十六年 (1811 年 )，林则徐北上赴考，一举中了进士，在 237 名考生中脱颖而出，名列第七。

年纪轻轻就高中进士的林则徐随即进入翰林院供职，开始了人生的全新旅途。翰林院是一个为国家储备人才的研究机构，为那些过去一直忙于应付科举考试的人提供学习的便利，让他们尽快熟悉民情政事等“经世致用”之学。虽然离开了张师诚，但林则徐从没忘记张师诚对他的栽培，一直和他保持着书信往来。

林则徐并不满足于学习儒家的伦理道德，他深信王阳明所说的“知者行之始，行者知之成”。他兴趣广泛，实事求是，是个从不空谈的干吏。他还是一位很杰出的水利专家，后来对地方建设，如漕运、河工、水利，都有卓越的贡献。在翰林院期间，林则徐就立下了“不求做大官，只求做大事”的志愿。另外，他还对经济有很大的兴趣，经常和另一位湖南籍的进士陶澍讨论经济民生。林则徐希望能够用自己的聪明才智去切实解决民间的疾苦，去了解社会的弊端，他明白读书人一定要走出那个封闭的殿堂，去融入广阔的社会，才能真正实现自己所学的价值。

林则徐在翰林院的研究终于有了用武之地。嘉庆二十五年（1820 年），林则徐被任命为杭嘉湖道。一上任，林则徐就努力让自己的所学派上用场，潜心研究当地水利灌溉的情况。当时连续两任的浙江巡抚，陈若霖和帅承赢都是关心百姓的好官，有了他们的支持，林则徐终于能够大展拳脚，为百姓做事了。他认真执行修补海塘和大兴水利的工作，这也是他一生中对水利贡献的起点。

## 忠孝两全

自从林则徐北上参加会试之后，远离家乡和亲人已经长达十年了。这期间，林家的家境因为林则徐的原因而有所好转，林宾日在福建结交朋友，讨论学问，过得很是悠闲惬意。他还养了一对白鹤，并画了一长幅“饲鹤图”。林则徐请了当时的名流俊彦咏诗题字，然后装裱起来珍藏。虽然如此，林则徐对不能陪伴在双亲的身边还是心存愧疚，一直想要将父母接到京城共享天伦之乐。然而林老先生却寄给儿子一句诗来表明自己的心意——江湖远涉烦舟楫,菽水长留胜鼎钟。

虽然林宾日不愿去投靠儿子当老太爷，但是林则徐的母亲因为思念儿子和孙子们，于是当林则徐到杭州上任时，就去和儿子们生活在一起了。她在杭州住了一年，坚持过着朴素的生活，并不因为自己的儿子做了官而有任何改变。她经常说做人要惜福，不能忘记生活在苦难中的百姓。每当得知有穷人吃不饱、穿不暖时，她总要帮助别人才能心安。

虽然和儿子在一起生活感到很开心，但是林老夫人终究还是不放心自己的丈夫。后来她听说丈夫在福建病倒了，顿时心急如焚。林则徐急忙陪伴母亲回到福州看望父亲。后来林宾日的身体渐渐康复了，林老夫人再也不忍和丈夫分离，一定要留在身边照顾他,但是林宾日又固执地不肯跟儿子走，林老夫人只好尊重丈夫的意思，陪他住在福州。林老夫人在福州和丈夫过了三年相濡以沫的日子，最后了无遗憾地离开了人世，享年 65 岁。

林宾日的生活情趣也深深影响了林则徐，他也十分喜欢种梅养鹤，对于同宗的祖先——诗人林和靖的“梅妻鹤子”的高远情怀向往不已。在杭嘉湖道的任上，林则徐曾重修林和靖的墓。林则徐虽然身在官场，但偶尔也会流露出一种出世的心态，他曾有诗云:“梅鹤因缘已渐深”。这种淡泊的心境，让他沉浮于官场而始终不分心地为老百姓办事，能进能退，有为有守。正是由于这种修养和情怀，他才能在以后的政治生涯里坦然面对各种阻碍，在西北和西南树立了丰功伟绩，而没有像贾谊那样忧愤而死。

杭嘉湖道是很多人都渴望的职位。由于父亲林宾日病倒了，林则徐放弃了官位，匆匆交了官印，带着母亲和即将临产的妻子仓促上船。

一家人心急如焚地赶路，林则徐曾经在给友人写的信中说过，当时的情形实为狼狈。一家老小一路颠沛，林则徐的夫人怀孕已足月，也顾不得休息而一路相随，最后在中途衢州府生了女儿敬纫，就是后来鼎鼎大名的沈葆桢之妻。她出生的那一天，正是中秋佳节。

众人一路奔波，总算赶回了家，林宾日的病情已经好转。考虑到父亲已经年近古稀，林则徐实在不忍心再作远游，留父亲一个人在老家，于是 37 岁的林则徐有了退隐之心。这段时间，林则徐重修了乌石山的积翠寺，它成为了福州城内的唯一名胜。

林则徐赋闲在家几个月，家中的收入骤减，林则徐被逼无奈，只得再度北上。妻子由于产后失调留在杭州疗养，林则徐则一路北上到京师。

林宾日虽然生了林则徐这么一个杰出的儿子，可是让他感到遗憾的是，另一个儿子林霈霖却给他添了很多烦恼。也许是从小就被过继到了林宾日的哥哥家，没有受到良好的家庭教育，霈霖虽然在 30 岁时也中了举人，但后来却染上了鸦片瘾。这件事让整个林家都十分痛心。这也是林则徐心头的一桩隐忧，让林则徐对鸦片的危害深有体会，使他对鸦片极为痛恨并立下彻底铲除鸦片祸害的决心。

道光二年（1822 年）四月下旬，林则徐受到了刚即位不久的道光皇帝的召见。林则徐活跃在政治舞台上的时间，就是道光当政的三十年间，所以这位道光皇帝和林则徐的一生有着极密切的关系。林则徐销烟的成败，受到道光皇帝的很大影响。道光皇帝早就听说过林则徐这个人，对他很是欣赏，所以格外恩准，只要浙江的同等官一遇缺，马上让林则徐优先递补。林则徐十分感激道光的重视，祈祷自己能够再次回到杭州。他和杭州的百姓相处得很好，曾说过“士民于我若投胶”的话。

后来林则徐得到了一个众人眼中的肥缺，要协助浙江巡抚帅承赢办理浙江盐务的改革，由于表现出众，林则徐一路升迁。第二年，也就是道光三年（1823 年），他被调到江苏接任淮海道，不到一个月又升为江苏按察使，林则

道光皇帝像

徐又马上赶到苏州上任。按察使的工作是掌管风纪，澄清吏治。工作的重点在刑政和赈务两方面。江苏乃繁华富庶之地，社会结构复杂，民风奢靡，世家望族很多，对于林则徐来说，是个不小的挑战。林则徐一上任，就开始进行大刀阔斧的整顿，处理各类案件，绝不向那些“土豪劣绅”低头，被当地人称为“林青天”。

在江苏为官的时候，有一段时间雨水过多，田中的禾苗都被淹没，靠天吃饭的农民们没有了收成，心急如焚，松江一带一些饥民逼不得已发生暴动。当时的巡抚韩文琦准备调兵镇压，林则徐连忙劝阻了他，他认为高压政策只会火上加油，加重人民的怨愤。那些平民百姓要的仅仅是维持生活，生存不下去自然就会聚众闹事。为官者应该表示理解，当务之急是如何解决问题。林则徐亲自到徐州察访民情，拟出了切实可行的办法，一场民变最终得以避免。

河川壅塞，一下雨便成灾是江浙两省水患的最大问题。林则徐想要彻底解决这个问题，于是在道光四年主动辞去管理刑政风纪的按察使工作，转而为掌理民政财政的布政使，以便完成江南七府的水利计划。更让他感到高兴的是，他的恩师伯乐张师诚被任命为江苏巡抚，更方便了林则徐施展他的抱负。然而就在他为此准备的时候，得知了母亲逝世的消息，林则徐伤心之余立即离任，日夜兼程赶去奔丧。

道光五年（1825 年），就在林则徐在家守丧的时候，南河高家堰十三堡决口，道光皇帝火速命他赶去督修堤工，林则徐想要为母亲守丧，不料却被老父责备了一番："在国家有难的时候，还死守三年之内守丧者不得服官服的规矩，那就是迂腐了。必得素服前往，全力以赴。不为国家尽忠就是不孝。"

听了父亲的话，林则徐只好素服前往高家堰督工。完工之后又回到故里继续守丧。后来道光皇帝又给他一个肥缺，要他以三品衔署两淮盐政，但这次林则徐坚决地恳辞了。

道光五年，林则徐在翰林院的老友陶澍担任了江苏巡抚，而张师诚则被调到了安徽任巡抚。由于洪泽湖堤坝溃决，运河阻塞，为了治河不得不暂停河运，所以陶澍积极主张筹办海运的新工作。在这方面，林则徐倒是与这位新巡抚志同道合，无奈就在此时，林则徐患了疟疾，大病一场，无法参与到其中。

又过了两年，皇帝打算任命林则徐为陕西按察使及布政使，后来考虑到林则徐心中惦念远在福建的老父，就改任他为江宁布政使。林宾日有感于皇帝的恩德，就答应接受儿子的奉养，但是却在途中逝世于浙江衢州府，林则徐悲痛不已。

## 入京交友

林则徐又开始了守丧的日子。在这段时间内，他致力于乡里的建设。最重要的要属位于今日福州城西郊的小西湖。

当时的福州小西湖，湖心已经淤塞，导致无法灌溉周边的农田，附近也都被居民强占居住，林则徐看到了那里的情况，决心要整顿一番。首先要疏通小西湖，恢复周边的灌溉，然后他打算美化一下周边的环境，砌石种树，沿湖还种了一些梅花，同时可以稳固水土。最重要的是，他要杜绝豪强强占土地的现象。

林则徐少年的时候经常在那个湖畔读书，小西湖被整顿得焕然一新之后，他经常到湖畔的“桂斋”散步，怀念过去的生活。端午节前后，大雨持续下了十几天，湖水都溢到了家门口，林则徐突发雅兴，雇了一艘小船，穿梭在莲花之中，心情很是舒畅。

现如今，桂斋有林则徐像，有沈瑜庆先生亲笔题写的“林文忠公读书处”几个大字。左宗棠也曾在此撰联：

附公者不皆君子，间公者必是小人；忧国如家，二百年来遗直在。

庙堂倚之为长城，草野望之如时雨；出师未捷，八千里路大星颓。

林则徐还经常察访民间疾苦，思考很多问题，例如，过去的措施是否得宜，将来应有怎样的改革等。道光十年（1830年），林则徐守丧期满，他离开福州，颠簸了三四个月后回到京城，在京城停留了三个月。

回到京城的林则徐遇到了许多翰林院旧友，与他们谈论时事，发表意见，吟诗唱和，感觉又长了很多见识。林则徐多年来一直献身于地方建设工作，到了京城，他更能了解到全国的情形。当时的林则徐已经获得了很高的声望，皇帝本人对他也很是赞赏，许多人都争相与他结识。

林则徐曾和一群好友组成了“宣南诗社”，在那里他结识了许多知名人士，如龚自珍、黄爵滋、魏源等。这些都是位卑才高之士，他们的共同目标，就是匡济时难。

魏源是湖南人，因父亲在江苏任官，所以一直在江苏长大。陶澍很器重魏源，在整理盐政时采纳魏源的意见，于淮北实行票盐。后来魏源又协同陶澍筹设海运。他和林则徐一样都是致力于经世之学，后来林则徐当了江苏巡抚，就常和魏源商议漕河盐兵问题。

在鸦片战争前，林则徐请人收集、翻译了许多外国资料，魏源据此编成了《海国图志》，在这本书中，他宣传了林则徐“师夷长技以制夷”的主张，提出了早期的维新思想。然而这本书在当时却没有引起人们的广泛关注，反而是日本在明治维新的时候将它视为重要的资料。

魏源的另一部作品是《圣武记》，虽然由于时代的局限，其中不乏存有偏见的地方，但是魏源的文笔很好，而且书中采用了大量的第一手资料，详细记载了鸦片战争的事，具有很高的价值。

黄爵滋为人正直豪爽，关心时事民生，无论是国防军备还是国计民生，他都有很独到的见解，林则徐与他一见如故，相交甚厚。当时英国的船只常出没于闽浙沿海，并绘制当地的地图，他就上言说："外国不可尽以恩抚，而沿海无备可危。"他想要提醒当政者不可对外国人掉以轻心，要严加防范才对。

黄爵滋从小就以写诗著名，经常把他那些犀利的文章拿出来给朋友们品读，向大家征求意见。他一生留下来的作品很多，有奏议、海防图表、诗文，以及其他杂著数十卷。林则徐离开京城之后，"宣南诗社"就由黄爵滋等继续领导。

黄爵滋对鸦片早就有研究，是首先提议禁烟的人，他始终主战，属于激进的鹰派分子。他最著名的作品，就是道光十八年向皇帝上奏的一道奏章，文章长达2000多字，意在提倡禁烟。这是禁烟工作的第一炮，道光皇帝深受感动，即刻下令要林则徐着手一切禁烟事宜。鸦片战争失败后，林则徐被革职迁调新疆，他也遭受免职的命运。

林则徐离京的一年时间里就先后担任了三个省份的布政使，先是湖北，然后是河南，随后又被调回江宁。每到一个地方，林则徐都受到了百姓的热烈欢迎。甚至在荒村野郊都流行着歌颂林则徐的歌谣，纷纷唱道："林公来，我生矣！"

在上任的途中，林则徐从不要官员接送，从不劳民伤财，伙食等也都是自理，十足的平民作风。在河南当布政使期间，邻省江苏闹水灾，需要河南的粮食支援。林则徐采取了两项十分英明的措施，他担心河南的粮商和船夫在这节骨眼上会抬高价钱，特意拟了两项办法：一是，派人暗中探听粮价，叮嘱地方官先付定钱，将粮食准备好，等江苏方面的官员来验收付钱。二是，暗中打探运费，然后分批付订银，大大方便了江苏来买粮的官员。

## 一丝不苟

道光十一年（1831 年），林则徐被任命为河东河道总督。这个职位对官员的要求很高，要求任职者必须清正廉明，因为管理河工的工作最容易让人贪污受贿，而且需要任职者具有精湛的水利知识，因为一旦出现问题，将会危及数千万人的生命财产安全。林则徐自然是大家心目中的不二人选。

面对这样一项棘手的工作，林则徐起初有点惶恐。其中的阻力实在太大，如果没有得到皇帝的充分授权，将会寸步难行。林则徐思虑再三，还是上奏向皇上恳辞，道光皇帝坚持自己的选择，并鼓励林则徐放手去做，他会全力支持。

得到了道光皇帝的保证，林则徐开始着手处理河务，拟定了许多项办法，他决定全力以赴，不避风雨，亲自督察。他还虚心向许多有经验的人请教，经常审视自己的措施是否有偏差。这项工作十分繁琐，随时都有临时状况需要处理。林则徐需要时刻保持警惕，竭力避免因胸无定见而被狡黠之徒蒙蔽，或是犹豫不决而丧失时机。林则徐还注意不断创新，提高工作的效率。

林则徐重点关注的是催工和查验材料两方面。如果施工不认真就会后患无穷。不恰当的工作方式会降低效率，事倍功半。原料是积弊最多的一个环节，有些外行的官员查起来就是形式上的走马观花，也有的监守自盗，官商勾结。因此林则徐一直坚持每一项原料，不管是数量还是质量上都要由他亲自查验。物料是修防工程的根本，如果以虚作实、以旧作新，那么所有的工程都白费了。

材料共堆放在七千多处，每年要增添两次。林则徐耐心地一项一项地仔细查验，对于物料进出的账目也要做到一清二楚。过去的官员从没有过他这样认真的，几乎杜绝了所有河防工程的弊端，贪污的风气也有所扭转，为国家省下了不少的经费。道光皇帝亲自写了一封谕旨嘉勉林则徐："如此勤劳，弊自绝矣！做官当如是，河工尤当如是。"

# 地方大员

# 江苏巡抚

道光十二年（1832年），林则徐被任命为江苏巡抚。当年父亲为他取名为“则徐”，字元抚，其中寄托了他对儿子的殷殷希望，如今，林则徐已经达到了他的期望，完成了光宗耀祖的责任，而且还会有更好的前途。只不过林老先生已经看不见这些了，如果他泉下有知，也该含笑九泉了。

林则徐雕像

清朝把国家分为十八个行省，巡抚相当于一省的省长，布政使专管财政。到了乾隆时期，又在巡抚之上设了八个总督。总督辖管一个或多个省份。如果只辖一省，那么总督就兼任巡抚。如果辖两省或三省则不一定兼任，因此总督和巡抚在职权上缺乏明显的划分，经常为了争权而发生摩擦。

江苏省是林则徐任职最久的省份，他的“林青天”之称就是江苏的百姓送给他的。林则徐在江苏熟人很多，他的上司两江总督是陶澍，两人关系很好，不会发生巡抚和总督闹矛盾的情况，两人一起为当地百姓做了不少的好事。另外林则徐也了解当地的各项事务，做起事来驾轻就熟。

后来林则徐过世，当地百姓犹不忘陶、林二公的恩泽，在南京城为他们二人建立祠堂。后任的两江总督左宗棠曾在里面题词：

三吴颂遗爱，鲸浪初平，治水行盐，如公皆不朽。

卅载接音尘，鸿泥偶踏，湘间邗上，今我复重来。

从乾隆晚期开始，清朝官员贪污腐败的现象就很严重，林则徐爱民如子,廉洁清明的作风让道光皇帝曾一再感叹“得人尤难”。

林则徐不仅自己清廉节俭，他对自己的家人也是如此的要求。他的孩子们，个个都拥有吃苦耐劳的性格。女儿嫁到了贫穷的人家，林则徐也不给她们置办丰厚的嫁妆，当其生活拮据时，林则徐也不常接济她们。许多人都说林则徐是铁石心肠，但其实林则徐只是希望借此锻炼他们克勤克俭的精神和骨气。她的女儿敬纫最终被写进了史书当中，《沈葆桢妻传》中形容她是“治家尤有节度，断线残纸，必储以待用”。

林则徐的夫人更是勤俭节约的典范，史书上记载过一个十分感人的小故事：

在林则徐任云贵总督期间，昆明的总督府建筑均仿闽式风格。中秋节的晚上，林则徐和夫人在庭院赏月，林则徐对妻子说：“这儿的庭园景色实在美极了，假如回廊上再有几盏宫灯，又有素心兰置于其间，就更完美了。”

不料没过多久，长廊上就挂满了宫灯，阶前被种上了清香扑鼻的素心兰。这时淑卿对林则徐说：“这些灯花固然风雅宜人，但毕竟花钱费工，你随口说的话被善于察言观色的有心人听了去，他们为了找机会奉承，就做了这些事，你今后说话要格外小心，免得劳民伤财。”

林则徐很认同夫人的这番话，连忙命人撤掉宫灯。林夫人整日布衣荆钗，粗茶淡饭，不管林则徐的官做到多大，她的生活都没有任何改变。林则徐“历官十四省，统兵四十万”，最终却是两袖清风，让官场上的很多人都敬佩不已。林则徐也很坦然地在家中挂着一副对联：

郊原两足云归岫　台阁风清月在天

## 兴利除弊

巡抚的工作千头万绪非常繁琐，但林则徐却毫不畏惧，下定决心全力以赴把它做好。他担任巡抚后的第一个举措就是整顿吏治。在这项工作中，林则徐秉承着一个原则，那就是诸葛亮的“明赏罚”。林则徐对日常的考绩非常认真，对考绩和披阅试卷的评语写得也是十分仔细，把它作为赏罚的标准。

为了避免因一时的印象而产生偏见，林则徐还格外注重长期的考察，随时观察属下并暗自做记录。除了他自己的观点外，他还会广泛征求大家的意见，综合考量后才下定论。在此可以比较一下总督陶澍和林则徐的评语，以武进的县官姚莹为例，陶澍的评语写道：“精勤卓练，有为有守。”而林则徐给他的评语是：“学问优长，所至于山川形势，民情利弊，无不悉心讲求，故能洞悉物情，遇事确有把握。前在闽者，闻其历着政声，自到江南，历试河工、漕务、词讼听断，皆能办理裕如，武进士民，至今畏而受之。”相比之下，林则徐的评语更能让朝廷判断出这个人是不是一个合格的官员。林则徐一直力求公正，毫无私心，赢得了大家的尊重。

另一个让林则徐觉得有改革必要的，就是科举考试。江苏是个人口大省，每次科举考试都是人头攒动，拥挤混乱。而由于试卷太多，主考官阅卷时也时常应付了事。对于很多寒窗苦读多年的学子们来说是十分不公平的。

林则徐首先开始想办法改善科场的秩序，让一切都变得井然有序，就连考场卫生和考生们的饮食情况都十分关心。之前考场没有专门的茅厕，考生只能在院边墙角随处便溺，不到一会儿工夫就臭气熏天，蚊蝇群集。林则徐再也无法忍受这种不堪入目的场面，竭力改善这种环境。林则徐还亲自查看科场内卖的饭菜以及糕饼点心，甚至有时不放心还要亲口尝一尝，让那些学子们很感动。

林则徐在翰林院的时候曾被派出去当过考官，所以在阅卷的工作上他还是很有经验的。他精选一批认真负责的考官，把如何批阅考卷的原则详细地告诉他们，千叮咛万嘱咐，告诫他们对于那些“不出色”“欠通顺”等评语一定要谨慎，要详细写出原因来才行。经过这些考官的批阅，林则徐还要重新核查那些不合格的试卷，避免有“沧海遗珠”的情况。林则徐不满当时舞弊成风的状况，严厉处罚舞弊的行为，尽最大的努力维持考试的公平。

江苏的连年水灾是让历任巡抚都感到头疼的大事，林则徐在处理这件事上显示出了高尚的道德情操和敢做敢当的魄力。林则徐就任巡抚那年，洪泽湖湖水泛滥，淹没了下游淮扬低洼地区。林则徐马上下令整修被冲毁的堤坝，而附近的灾民都靠公家的救济金过日，纷纷逃到邻近的县躲避水灾。

林则徐很重视抚恤灾民的工作，但是有些灾民却安于靠救济金过日子，水灾过后也不肯回家劳作。还有一些人趁机伪装成灾民骗吃骗喝，让林则徐很是苦恼。于是林则徐在给贫困户配发粮食的同时，还派官船遣送灾民回家收拾家园，严惩那些冒充饥民的混混们。林则徐还派人调查农田荒芜的原因，政府将帮助那些没钱的农民购买种子，协助灾民尽快恢复残破的家园。

第二年，水灾再次发生，粮食减产，林则徐便上奏请求减免田税。不料快收割的时候又逢大雨，谷粒被雨水浸湿，全都发芽霉烂，农民实在是没有能力交田赋了。林则徐原本打算再请求皇上减免田税，谁知奏折还没写完，道光就下旨责备他，说是这几年来江苏等几个省份每年的纳赋都迟交，年年都要朝廷拨款救济，严厉地批评了当地的官员。

皇帝都发火了，做臣子的只有遵命的分了。总督陶澍一向老成持重，打算顺着皇帝的意思做。但是林则徐实在不忍心不顾那些贫苦百姓，一定要为他们向皇帝请命。

陶澍很欣赏林则徐的一腔热血，但是他很冷静地反对林则徐的坚持，他认为那样简直是自讨苦吃。他在官场打拼多年才做到了两江总督的位子，不愿为这件事情丢了乌纱帽。林则徐见状也不再劝他，声明此事自己负责，不连累总督。林则徐自己上奏，写了一篇长达三千字的长奏章，声泪俱下地描述了百姓的疾苦,终于感动了道光皇帝,致使他收回成命。

水灾的范围很广,为了避免贪污成性的官员们中饱私囊，林则徐派年轻的士子担任救灾放赈的工作。这个方法收到了很好的效果，后来林则徐在广东禁烟，也同样任用年轻的学子们去铲除当地的烟贩。

然而赈灾减税并不是根本的解决水患的办法，还是要从水利工程上着手。林则徐在翰林院时就曾下过很大功夫去研究这门学问，可以说是一位杰出的水利专家。他上任之后就改进漕运，亲自监督了多个水利工程，江苏也由水患频繁，渐渐变得连年丰收。在江苏巡抚的任上，林则徐还写了一篇京城一带水利计划的蓝图，那就是《畿辅水利议》。

当时京城的米粮都靠江南供给，在粮食转运的过程中，最容易发生贪污受贿的事情，而且京城一带人口增加迅猛，对粮食的需求也日益增大，成为了一个急需解决的问题。林则徐明白要想大力改革，必定与许多人的利益冲突，必定与一股大而复杂的势力相对抗。但是他义无反顾地提出了自己的解决方案，那就是在北方试行种稻，粮食不再依靠南方的供给。首先要解决的问题就是灌溉问题。

黄河携带大量的泥沙，而且一到雨季就泛滥成灾，是北方的一大水害，林则徐绞尽脑汁，想要这个水害变成水利，那样北方就可以种植稻米，既免去了漕运当中的腐败作风，又可以改善当地的经济状况。

其实这个想法并不是林则徐的首创，早在宋朝，郭守敬就打算兴办畿辅水利，鉴于北方人不善种稻，本想雇用有经验的江南人，但是由于历史原因，元末起义不断，社会动荡，这项计划最终没能得到落实。

林则徐的计划得罪了当时许多目光短浅的大臣，尤其是权臣琦善，这个计划最终由于他们的反对而搁浅，而且也为日后鸦片战争埋下了隐患。

林则徐的计划断了许多人的财路，所以遇到了重重的阻挠，使他不得不放弃。最后还是在他被流放新疆的时候，在那种恶劣的条件下兴修水利，开垦农田，也算是完成了当初的夙愿吧。后来咸丰皇帝重新提起畿辅水利之议，而林则徐已经垂垂老矣，没有精力去筹办了。

## 湖广总督

林则徐一心为民，道光皇帝对他也是颇为倚重，后来让他署理两江总督，没过多久，已经52岁的林则徐又升为湖广总督。他在湖广总督的位置上一共待了一年零七个月，这期间，他注重发展军事，曾亲自到荒山野岭中探望驻扎在那里的士兵。原本是三年一度的考核，林则徐却随时参劾，力求客观、公正、翔实。

当时两湖的苗族人时常作乱。道光十一年发生过湖南瑶人赵金龙之乱。他们住在山洞中，民风彪悍，却又时常受到汉人的欺凌，积怨渐深，最终闹事作乱。这些山区的人闹起事来很难镇压，对于他们而言，“官有万兵，我有万山，其来我去，其去我还”。林则徐了解了来龙去脉后，一方面提高镇压的力度，派兵长驻于此；另一方面减轻土著居民的负担，改善他们的生活。那些土著终于不再闹事。

林则徐担任湖广总督后，开始严厉缉拿走私盐的人。但是当他渐渐明白了走私商人的苦衷，得知他们也是为生活所迫时，就开始尽量替他们设想，劝导并帮助他们完成转业，让他们成为官盐的挑贩。他做事一向都本着仁义的原则，寻求彻底解决的办法，他不急功近利，绝不应付了事，深受百姓的爱戴。

当时的中国已经鸦片泛滥，林则徐的好友黄爵滋和程恩泽首先在朝中提出鸦片问题，立即引起了广泛的讨论。朝廷因此而分成水火不容的禁烟派和弛禁派。而随着曾经提携过林则徐的大学士曹振镛的去世，朝中的风气大变，满人穆彰阿继任大学士，排挤贤能，林则徐也开始仕途坎坷。

林则徐前十年的为官生涯颇为顺畅，官居高位，一直都是道光所器重的地方大员。但是在鸦片战争后就被革职，继而发放新疆伊犁。这和道光任用嫉妒贤能的穆彰阿为相有很大关系。另外，满族大臣始终忌讳身为汉人的林则徐，他的声望越高，满清宗室就对他越不放心，最终道光皇帝经不住身边人的挑拨离间，导致林则徐发放边疆的下场。后来咸丰皇帝整顿吏治，将穆彰阿与耆英等奸臣革职，重新起用林则徐，但是那时的林则徐已经大限将至，刚离开福建不久就去世了。此后咸丰就大力起用汉人，曾国藩、李鸿章、左宗棠等人，个个都可算是清代的中兴名臣。

## 经济侵略

提起林则徐，人们首先想到的就是禁烟，这也是他一生最大的功绩。而禁烟之事，就发生在湖广总督的任内。鸦片本身和它背后的各种势力在中国盘根错节，由来已久，要清楚了解禁烟的全过程，这里需要简单介绍一下历史根源和当时的背景。

印度人创吸食之法，认为鸦片能止咳。罗马人把鸦片当麻醉剂，觉得它能安神止痛。吸鸦片的方式是明代的时候由南洋传入我国的。在唐代,有罗马人进献一种叫做“底也加”的治痢之药，其中就含有鸦片的成分。

唐代包容性很强，是个很开放的朝代，许多阿拉伯商人从扬州、广州将鸦片输入中国。据文献上记载，中秋夜或九月九日种植的鸦片花大子满，而当时在长安与四川都已有人开始尝试种植。鸦片在宋朝被称为“御米”，人们认为将鸦片与粥同煮食用,可以起到滋补的作用,还可以治呕吐、下痢、腹痛，简直就相当于现在人们眼中的人参，不过性急多用反而有害。苏辙就曾经对鸦片有过描述:“罂粟可储,实比秋谷。研作牛乳，烹为佛粥……”

明代人用针孔在罂粟花上刺十几个孔，用竹刀刮下流出的汁液，放在瓷器中保存，用纸封牢，然后晒上 27 天就干扁成片。鸦片在明代的时候极其昂贵,价比黄金,又十分盛行,神宗晚年不理朝政不见大臣，有人就怀疑他染上了鸦片瘾。

明代医书记载了两种服食鸦片的方法：吞食和吸食。发明鸦片吸食法的是爪哇人，这种方法被荷兰人带入台湾，再由台湾传入福建，进而流行于整个中国。

乾隆三十八年（1773年）以前，葡萄牙商人垄断了鸦片贸易。但是后来由于受到英国的排挤而渐渐失去了垄断地位。鸦片的贸易基本上由英国的东印度公司控制,产销结合,大发横财。东印度公司将目光锁定在了中国，发现这是一片潜力巨大的市场。英国商人把澳门作为仓储集聚地，这个选择也是有原因的。最初是葡萄牙人看中了这个地方，在此设立许多公共设施,甚至建造堡垒、筑码头、设商馆、派官员等。

道光元年,两广总督阮元捉拿了澳门鸦片的囤户叶恒树,随后就开始严厉禁止在澳门设立鸦片仓，但是道高一尺魔高一丈，英商们又把仓库设于船上，这些船经常停留在南澳、铜山、厦门与台湾等附近海域。这些船行驶很快，而且都有自己的武装。他们也会打点中国官方的巡船，官商勾结，事后大家一块儿分赃。

起初中国将鸦片视为药材进口，鸦片买卖可以正大光明地进行，但是从嘉庆元年（1796年）起，政府就开始严格禁止输入鸦片，从此鸦片的贸易就开始转入地下，英国商人为了销售，只好把价格压低，开放民营，允许“自由商人”贩卖鸦片。虽然政府明令禁止，但是在利益的驱动下，还是有不少人铤而走险去做鸦片买卖。东印度公司也不再直销，只站在策划和辅导的立场从旁协助，将销售完全交给了那些精明狡诈的鸦片商人，这样一来，进入中国的鸦片开始越来越多。东印度公司甚至在广州成立了分公司，仅仅是幕后操纵，规模也是越做越大。

随着鸦片的盛行，越来越多的人发现了鸦片能够带来巨大的收益，美国人也想来分一杯羹了。但是有英国人在那，他们只能卖一些品质低劣的土耳其烟土，销量当然不好，收益也没有预期的那么大。

在这些鸦片商人中，最著名的就是查顿和马蒂生。这两人都是十分精明厉害的人物，而且和东印度公司有很深的渊源。将印度的鸦片销到中国，查顿出了很大的力，而马蒂生则负责具体事宜，为打通各项关节而奔走。他结识了一位名叫郭士立的普鲁士传教士，这人最后成为了这些毒枭们的翻译者。他是一个中国通，对于中国官场的腐败了如指掌，他给了马蒂生信心，让他不顾中国政府的三令五申而不断地倾销鸦片。郭士立还用中文写了许多宣传单到处散发。查顿不久就注意到了台湾，心中衡量着开辟台湾市场的可能性。这些商人们对这个海岛十分感兴趣，希望能取得治外法权，不受中国法令的约束。

沿海的鸦片走私日益猖狂,商人们的走私技巧层出不穷，无孔不入，他们还曾经争取让鸦片贸易合法化，虽然没有成功，但中国政府已经无力管理了。英国国库财源滚滚，虽然也有不少英国政治家反对这种不道德的行为，但是眼看着国家因此而富裕,也就保持沉默了。英国的鸦片商人走私猖獗，主要就是由于政府的保护与支持。

第一个从经济的角度劝道光禁止鸦片输入的是御史章沅，他指出鸦片消耗了中国的大量白银，长此以往对国家来讲是个很大的损失。道光十八年（1838 年），鸿胪寺卿也就是林则徐的好友黄爵滋上奏，提出严厉禁烟的请求，他“以死刑禁烟”的提议曾经让举国上下感到震惊。道光十九年（1839 年），道光听从了黄爵滋的建议，颁布了私贩烟片和吸食烟片者皆以死论罪的法令。

那些正直爱国的官员为流失的银子和关税而痛心不已，而鸦片走私进口也同样让那些贪官污吏很不高兴，因为他们失去了捞油水的机会。所以后来朝中官员分成了两派：禁烟派和弛禁派。

由于中国对对外贸易的不重视，导致对外通商的制度很不完善，有些规定在现在看来甚至很荒谬，中国闭关自守所养成的闭塞和无知显露无遗。

乾隆五十七年（1792 年），英国使者马戛尔尼抵达大沽口，在热河觐见乾隆，呈递了国书。中国政府热情地款待了他，但是军机大臣却总是回避和他商讨通商事宜。马戛尔尼最终一无所获地返回。

道光十四年（1834 年），东印度公司宣告解散，粤督李鸿宾要求英商设立一个监督机关以代替东印度公司，人员的基本组成要有一位主务监督，其下设第二、第三副监。英方派来的主务监督就是耐佩尔勋爵。这位带有皇家血统的贵族，不仅负责管束英国商人，还要努力促进中英关系。英国外相巴麦斯顿希望两国能在和平友好的气氛下商讨问题，希望能直接和两广总督甚至中央级的官员交涉。

这位高傲的贵族不远万里来到中国，不但没能完成任务，和中国官员闹得很僵，还最终染上疟疾，丢了性命。道光十六年，义律接替耐佩尔勋爵，成为了英国在华最高官吏。这时英国商人一致向政府反映，监督的权力太小，无法与中国政府开启真正的谈判，必须授予特权，并有自己的兵力做后盾。他们打算与中国政府交涉，开放通商口岸。

英国外相得知了商人们的要求后，交代义律，如果和平的手段不能取得通商的资格，那么采取非常手段也是可以的。他要求越过“公行”这个中间环节，和中国进行政府级的对等外交，公文的拟定也要采取平等的方式。这样的要求换来了中国官员的一顿侮辱，英方恼羞成怒，决心要诉诸武力。道光十七年（1837 年），英国驻印度舰队司令佐曼特兰接到英国方面的命令，要他率领军舰来中国。佐曼特兰接令后立刻动身，一时间山雨欲来，而此时的中国的官吏们却还在醉生梦死之中。

有了军队做后盾，义律底气十足，开始对中国官员软硬兼施，双管齐下。当时英国人很轻视中国，他们很清楚清政府外强中干的状况，在他们眼中，中国的大小官员，平民百姓，甚至是皇帝本人都是可以用钱买通的。义律叫人花钱买通了很多人，从海口商人一路送到朝中的达官显贵。林则徐将要面对的，是很强大的阻力，而这个不择手段的义律，就是林则徐禁烟时的主要对手。

## 两派对立

道光年间，中国鸦片盛行，上至王公子弟，下至平民百姓，都有吸食鸦片的人，更有一些人为了购买鸦片而落得倾家荡产的地步。国人每年购买烟土的银子，几乎与国家的税收相当。尤其是东南沿海地区，几乎有百分之六七十的人都吸食鸦片，烟馆遍地都是。相传道光皇帝本人吸食鸦片，不过后来幡然悔悟，说道："如果不禁绝鸦片，让其流行内地，不但亡家，实可亡国。"说罢就杖毙了进呈鸦片的太监。

江西人吴嵩梁在《洋烟行》的诗中描写道：

双枕对眠一灯紫，
似生非生死非死。
瘦肩山耸鼻流水，
见者皆呼鸦片鬼。
呼吸苟延日余几，
呜呼生已无人理！

林则徐对鸦片深恶痛绝，一再指控这是“谋财害命”。一般百姓吸食鸦片后经常丑态百出，身体变坏，而更为严重的问题是，军队当中也有人吸食鸦片，导致军队的战斗力下降，不堪一击。鸦片除了让国民体质下降之外，还严重影响民生经济。中国的银矿有限，鸦片大量走私进口之后，中国便出现了银子危机，外商用黑色的烟土换取中国白花花的白银，有识之士纷纷对此表示担心。

银子减少还带来一个负面影响，那就是造成了铜钱的贬值。中国以银两为计算单位收取各项赋税，银子愈来愈少，一两银子就要折合更多的钱，而老百姓手中大多都是铜钱，这么一来就相当于赋税也涨了好几倍，最后引起物价上涨，人们的生活愈加艰难。而生活的艰难又引起社会的不稳定，逃税或者作奸犯科的事常有发生。于是整个清朝社会骚动迭起，乱象丛生。

道光十五年，黄爵滋呼吁彻底扫除烟穴，彻底取缔鸦片交易，严查趸船、快蟹、窑口。他还提出应该整顿军备，巩固国防。但是黄爵滋的号召仅仅得到了中层阶级的响应，高级官员则反应冷淡。

还有一些人，他们仅仅从经济的角度考虑问题，而弃国民健康于不顾，主张开禁，这就是弛禁派。弛禁派的观点是由广东人何太青提出的，他向好友许乃济提出建议，开禁鸦片，并在中国引进种植，这样就可以防止白银外流了。

广东总督卢坤很赞成这个建议，立刻以试探性的口吻去问道光皇帝。道光一听之下有些动容，但是一想起自己曾三番两次地下令禁烟，朝令夕改的话实在有损颜面，一时之间无法作出抉择，只好保持沉默。善于察言观色的卢坤一见道光的反应就明白了八九分，立刻把消息告诉了许乃济，许乃济好比吃下一颗定心丸，就向道光上奏，指出禁烟政策的缺点，让那些贪官和奸商大发横财。奏章中指出，与其让百姓畏惧法律，不如让他们赚得利益。至于白银的问题，完全可以让外商以货易货，不用银两折算，就可以避免外流了。而且如果批准在中国种植鸦片，就不会出现洋人垄断鸦片贸易的局面，白银外流也自然就制止了。

卢坤调走后，邓廷桢接替他成为两广总督，他起初也是弛禁派的,还提出了具体的实施方法,让鸦片贩子们欢欣鼓舞。

弛禁派的提议立刻引起了禁烟派的群起反击，其中以许球的奏章说得最为明白，他还提出了对付鸦片商人的具体办法，为后来林则徐对付英国鸦片商人提供了借鉴。

一直到道光十八年，黄爵滋的“死刑禁烟”的建议加剧了两派的争执，道光也觉得这个提议有些偏激，打算听听封疆大员们的说法再作决定。于是清朝的各个封疆大臣陆陆续续抵达京城。盛京将军和山东巡抚 5 月 7 日就到了，紧接着山西巡抚抵京，其他人也在接下来的两三个月中赶到，综合考虑到各官员的路程，林则徐是反应最快的一个，他第一个响应黄爵滋的“死刑禁烟”的提议，于 5 月 19 日抵京。就连在京师附近的直隶总督琦善，还比林则徐晚了将近十天。

身为湖广总督，林则徐时刻关注着朝中关于鸦片的讨论，通过京师的朋友们和长子林汝舟了解京城的形势。除了黄爵滋，禁烟派还有一个重要的人物，那就是张际亮，此人以禁烟为终身事业，此时特地由京师至湖北，要与林则徐当面商谈禁烟之事。

张际亮于5月14日到达武昌，林则徐马上将他迎至督署。原本就对禁烟一事有过透彻思考的林则徐，经过了和张际亮的一番长谈后，心中已经初步拟定了禁烟的步骤和做法：先对那些吸食鸦片的人进行劝导，尽量允许他们改过自新，这样可以尽量减少死刑的发生；然后要对那些开设烟馆、贩卖烟具的人判以重刑，允许他们自首，但是要将所有的鸦片销毁；开馆的雇主及保甲长如果知情不报的话，将承担连带的责任。

林则徐禁烟的决心很大，办起事来雷厉风行，但是他总是心怀仁义，尽量为别人留生路。而且他早就认识到鸦片的危害，多年来费尽心思四处搜罗戒药的方法，此次也在奏议上写明了。林则徐做事谨慎细心，他写出来的药方都是经过多次的试验，证明有效无害才敢提出。

到10月时，道光已经收到了28份奏章，其中，23份表达了自己反对禁烟的意见，而在这23人中，满人有13人。持赞成意见的8人中，只有两人是满人。在这个紧要的关头，军机大臣穆彰阿也站出来反对，一时间弛禁派占了极大的优势，而禁烟派则势单力薄，处于不利的地位。

林则徐早就意料到会是这样的结果，他的心中也早有打算，在道光还没有收齐所有奏章的几个月里，先在自己管辖范围内的湖北、湖南两个省份展开行动，包括查封鸦片贩子，收缴烟具，而且早在著名的虎门销烟之前，林则徐就已经开始了销毁鸦片的行动，在湖南地区，林则徐收缴了 2300 支烟枪，尽数焚毁，在湖北也焚毁了 1200 支烟枪，用桐油烧毁烟土和烟青，然后把灰烬投入江心。林则徐还自掏腰包，让人配制了许多帮助人摆脱烟瘾的药，然后四处散发。湖南、湖北在林则徐的努力下成为了“禁烟的模范省”，林则徐希望借此能够做出表率，争取大家对禁烟派的支持。

林则徐在湖南和湖北的努力，不仅证明了禁烟的可行性，让大家明白民情不畏法，风俗可转移的道理，更让道光皇帝对禁烟产生了很大的信心，让他坚信事在人为，只要努力就一定会有成果。

林则徐在两湖禁烟的成绩斐然，确实起到了很大的带头作用，两江总督陶澍也开始行动起来，两广总督邓廷桢也不甘落后，纷纷效仿林则徐的做法。此后，禁烟派的总督们都开始行动起来，查封烟馆，就连平时一向对烟贩放任不管的直隶总督琦善，也开始着手缉拿烟贩。看到禁烟行动的影响越来越广泛，越来越多的人加入其中，林则徐觉得时机大好，连忙向道光皇帝上奏。后来魏源把这篇奏章进行浓缩改写，文章变得铿锵有力，掷地有声，成为了流传至今的千古名句：

> 厘不禁绝，国日贫、民日弱，十年之后，岂惟无可筹之饷，抑且无可用之兵。

文章直言鸦片对一个国家和民族的危害，道光帝看过之后终于下了决心，一定要实行禁烟，于是立刻下令召见林则徐，打算委以重任。

## 肩负重任

道光十八年（1838 年），林则徐于初冬时节进京。到达京城的第二天，道光皇帝一大清早就召见了他，而且一连八天，每天都要和林则徐商讨事情，道光一心想要提高林则徐的威信，对他礼遇有加，恩宠的程度让其他的官员望尘莫及。这是林则徐一生中的最后一次进京，也是他最后一次见道光皇帝。

经过了一连几天的商榷，11 月 15 日，道光颁布了一道诏谕：

> 谕内阁：湖广总督兼兵部尚书林则徐，颁给钦差大臣关防，驰驿前往广东，查办海口事件，所有该省

水师兼并节制。

钦差大臣是皇帝特命的官员，权力很大，是皇帝派遣专办某件专案的人。关防是指大印，是专门给特派官员临时执掌的，普通的印信是正方形，而关防却是长方形。

大家都对道光的这项决定感到意外,连黄爵滋都不例外。这样隆重的任命，整个清朝都不常见，过去清朝只派过三次钦差大臣，颁发关防，而且好像还都不如这次郑重。道光皇帝把对内的行动上升到了对外层次。

道光的器重让林则徐受宠若惊，他万万没有想到道光会把钦差大臣的重责交给他。林则徐一再推辞，但是道光皇帝却不肯收回成命。在他心目中，只有林则徐这种一心为国为人民着想的人才能承担起这项重任，除此之外别无他选。

身为水利专家的林则徐这样形容当时的感觉:“鸦片之来，如黄水然，唯有严堤防以御之。”林则徐深知这项任务的艰巨性，不仅要和举国上下企图以鸦片获利的人为敌，还要和那些外国政府支持下的外国商人作斗争，前方的道路艰险异常,有重重阻碍在等待着他,这是一场没有硝烟的战争,稍有不慎也许就会落得个粉身碎骨的下场，但他也明白这是深深关系到国家前途的一项任务，为此只好不计个人生死、祸福荣辱，承担下这个知其不可为而为之的重担。林则徐的心中涌起一股背水一战的悲壮，沉重不堪。

当时一般的统治阶层都对外国人有或多或少的恐惧，西洋人的船坚炮利，四处横行，有识之士纷纷为国家的前途担忧不已。林则徐事先已预测到此举很可能会开启战端，为此做好了心理准备，为了国家的生死存亡，他只能不惜一战。

暂且除去外国人不谈，光是道光最宠幸的那两个朝臣，军机大臣首席穆彰阿和直隶总督琦善就时常让林则徐感到不安。穆彰阿向来都与林则徐意见不合，对林则徐十分嫉恨，而且他很仇视汉人官员，很害怕汉人权势太大。而琦善是林则徐在提出《畿辅水利议》时无意中得罪的，他认为林则徐越俎代庖，管了他直隶总督的事，心中为此而记恨林则徐。这两个人位高权重，党羽众多，他们要想牵制林则徐的话，林则徐恐怕寸步难行。

身居高位的汉人官员中，有一位叫王鼎的向来仗义执言，但是辩论起来往往不是穆彰阿的对手。这位王鼎是林则徐的至交好友。林则徐的最后一次京师之行持续了 13 天，一朝成为道光倚重的钦差大臣，应酬就变得比以往还多，但在林则徐的日记中，只记录了至王鼎家吃饭的事，可见他们交情绝非泛泛。而朝中另一位汉人官员——大学士潘世恩则是完全帮不上什么忙，此人毫无主见，只知道明哲保身，在整个道光一朝中都不敢为林则徐出头。

清朝的官场腐败至极，从一封英国商人布利斯特致外相的信中，可以看出当时中国官场收受贿赂的严重程度，不但许多总督巡抚拿过红包，甚至连军机处的要员也私下收了鸦片商人的好处。那些达官贵人口中虽不便说，心中对断了他们财路的林则徐痛恨至极。这一池污水深不见底，林则徐深陷其中，步履维艰。

广东官场的贪污之风更甚。甚至有英国商人说，有些中国的官船也转运鸦片，这些船上还公然挂着海关监督和总督的旗帜。中国政府一面口口声声禁烟，一面又让这种监守自盗的龌龊行为发生，那些外国商人当然看不起中国法令，继续嚣张在中国附近的海域，完全不把中国的官员放在眼里，这就是所谓“物必自腐而后虫生”。

最腐败就是清朝的海军了。水师派出的巡船对于那些走私船和海盗船统统不敢招惹，谁都不敢惹，甚至还为走私船大开方便之门，厚颜无耻地要求英商，每万箱鸦片就要交给他们数十箱到百箱，充做是水师查获鸦片的成果，以便他们交差。最先这样做的就是韩肇庆，在一段时间内简直是名利双收，一边大发国难财，一边还因功升官，为自己的做法而暗自得意。在这种海关人员个个贪污的情形下，中国每年输入的鸦片总量上升到了 4 万箱。其中，两广总督邓廷桢自然要承担失察之责。

林则徐被任命为钦差大臣，南下禁烟，自然让这些贪官污吏咬牙切齿，这样大面积的官商勾结，真要认真追究起来，彻查鸦片入境责任的话，实在是难以想象会牵扯多少人。真要是把他们逼急了，他们又难免与朝中权臣沆瀣一气，进谗言陷害林则徐。这一层层的中国官员，远比外国商人和政府势力可怕得多，但是林则徐别无选择，他唯一的信念就是彻底铲除烟祸。春蚕到死丝方尽，蜡炬成灰泪始干，林则徐也立下了誓言，要不惜一切代价斗争到底，决不退缩。临行前，林则徐对沈鼎甫说：

死生命也，成败天也，苟利社稷，敢不竭股肱以为门墙辱！

城外的朔风重重地打在脸上，衣袖在大风中翻飞，林则徐告别了同僚好友，踏上了征途，这一去，就再也没能返回京城。

# 重整河山

## 缴烟行动

虽然道光皇帝为他造足了势,给他声势浩大的出行阵容，但林则徐一路南下，还是没有改变以往的作风，尽量保持低调，从不在任何地方滞留，不打扰地方官。

早在出发前，林则徐就开始派人去广东了解情况了，而且派出去的人都是自己信得过的、聪明干练，且懂得行情的手下。这些人到达广东后开始明察暗访，为林则徐收集翔实的情报资料,以便了解各国国情、烟贩活动、官商勾结等实情。林则徐还特别留意查顿这个人，派专人观察他的一举一动。

正月初二，林则徐因大风雪在江西停留了些时日，10天以后就接到了派出去的密探采回的情报，林则徐仔细研究了这些宝贵的资料,最后列出了一份名单,最主要的有 14 名，次要的有 40 名。林则徐人还没到广东，缉拿要犯的密探就已经上路了。他们都穿着便衣，打算要出其不意、毋枉毋纵，把这些为祸一方的官员一网打尽。这份黑名单中的人，大都有滥用职权、包庇烟贩的嫌疑，正是这些人给烟贩们做后台，才导致烟贩们肆无忌惮，无视中国的法令。

邓廷桢曾经是弛禁派的人，但林则徐行动的魄力和无畏的精神深深感染了他，最后邓廷桢向林则徐表白“共矢血诚，俾祛大患”，让很多人大呼意外。

林则徐即将要面对的外籍烟商们，自是以在广州盘踞了二十年之久的查顿为首，许多人称查顿是“铁头老鼠”。查顿原本就是个英国混混，没有正当职业，后来靠鸦片发了大财，在英国也一跃成为了名人。此时查顿正志得意满，他的“鸦片王国”也正发展到顶峰时，想不到却碰到林则徐这样一个软硬不吃的官员，查顿思虑再三，还是决定避其锋芒，离开了他的鸦片大本营，从此再也没有回来。查顿走后，英国商人丹特就取代了他的地位，成为了广州英商的领袖。这个人自然也在林则徐的名单当中，不仅没有逃跑，还打算留在广州见林则徐。

林则徐的行程同样也是受到多方关注，一有个风吹草动都会传到广州。一时间中外烟商和大小官员都以紧张的心情等待林则徐的到来，义律更是跑到了澳门观察形势。道光十九年（1839 年）正月，钦差大臣林则徐终于到达了广州。一时间广州上下人心惶惶，有的外商还心存侥幸，认为这一次肯定又是雷声大雨点小，想来这位钦差也是个可以收买的人。但是也有些人早就听说过甚至是领教过林则徐的公正廉明，知道他的铁腕作风，心中一时忐忑不安。

到广州之后的林则徐依然是原则不改，一切吃穿用度都由自己负责，绝不接受地方的供应，绝不利用职权到处赊欠，一律现金交付。凡是官员们有事要禀见，他都马上接见。

林则徐将公馆设在“越华书院”，详细研究过“海防问题”和“夷人问题”的梁廷枏，把自己精心收集的宝贵资料都交给林则徐参考。林则徐大部分时间都深居简出，经常向梁廷枏打听情况，还和两广总督邓廷桢、巡抚怡良、水师提督关天培、海关监督豫堃等共同用餐，以便更加了解当地的情形。

到了二月初二，林则徐对广州的鸦片贸易总体上有了一个认识，一个方案渐渐成形，林则徐就开始了查办“海口事件”的行动。他命勾结外商、走私鸦片的行商们暂住在“越华书院”附近，随时等待传审，严厉禁止外商们离开广州。

审讯由林则徐亲自执行，他每次都能问到节骨眼上，往往一针见血，让这些行商们难以招架。行商们对这位外来的钦差所知道的内幕感到很讶异，再也不敢掉以轻心，一个个小心应对，再不敢有所欺瞒。更让他们刮目相看的是，林则徐时不时地就能脱口说出一些英文或葡萄牙文，起初行商们都不敢相信自己的耳朵。

虽然如此，林则徐也没能松一口气。那些外国商人们都有武力做后盾，而且个个奸诈狡猾，林则徐需要时刻保持警惕，他知道让外籍烟贩交出鸦片肯定不是件容易的事，这项工作任重而道远。他们的鸦片藏在“趸船”中，出没无常，不容易抓获。林则徐还是没能想出一个斩草除根的办法以杜绝病源。

鸦片商人试图交出1000多箱的鸦片暂时渡过难关，他们以为这样就可以应付过去，但是林则徐当然没那么容易罢手，他并不是一位能打马虎眼的钦差。这时有一个人引起了林则徐的格外关注，那就是自诩为烟商领袖的丹特。当时已经有些美国商人打算妥协，交出鸦片，但是丹特却从中阻挠，一再破坏林则徐的计划，还煽动其他人一起抵抗到底。林则徐决定把他作为重点突破对象，丹特见状连面都不敢露了，躲在商馆之中不敢出来，不过林则徐很快就不再管他了，因为一直在澳门隔岸观火的义律来到了广州。义律终于出现了，各大外国商人纷纷表示唯义律马首是瞻，林则徐的目标，自然又转到了他的身上。

义律为人城府很深，既有着英国海军帝国主义的扩张精神，又不乏外交官的圆滑手腕。在很长一段时间内，义律都能够以鸦片利益为重，隐忍妥协，对来往的官员彬彬有礼，中国官员都对他很有好感。他和英商的关系密切，但是从不表现出来，不过这一次他决定为英国的商人出头，与林则徐抗衡到底。他要保护英国的商人们和他们的财产安全从广州撤退，而此时已经有很多商人决定缴烟，并承诺不再往中国输入鸦片，但是义律却从中作梗，他的出现让林则徐的努力成果付诸流水。义律此次高调地出现在广州，摆出一副来者不善的姿态，而广州港外的一艘舰艇还在待机而动，显然也是义律的安排。

林则徐也不甘示弱，他撤走商馆的华籍办事人员，严防奸细去给外国船只通风报信，他还派人截回了打算逃跑的丹特等人，派兵重重围住商馆，切断他们的对外联系。一时间形势变得十分紧张，已经到了剑拔弩张的地步，双方的冲突仿佛一触即发。

开始时义律提出要直接和林则徐谈判，但旋即又食言。后来随着美国商人的妥协，义律也突然表态愿意缴烟。林则徐连忙积极开展缴烟工作，一面切断烟源，一面发放有助于戒烟的药物给烟民。林则徐在禁烟的道路上,似乎看见了曙光。

## 虎门销烟

禁烟运动的高潮，就是大快人心的“虎门销烟”。

道光十九年（1839 年），林则徐在一众文武官员的陪同下，于 2 月 27 日经水路来到了虎门。一行人轻舟出海，完全不在乎暴露在海面上的 24 艘外国船只的射程之内。虽然虎视眈眈，但是林则徐毫不畏惧，任何危险都不能动摇他禁烟的决心。当时义律和其他的外国商人都被押在广州，在鸦片没缴清之前，林则徐绝不放他们离开，所以那些外国舰队也不敢贸然发动攻击。

虽然那些鸦片商人有失德行，但林则徐也不想把他们逼上绝路，让他们血本无归。最终林则徐想出了一个办法，每上缴一箱鸦片，就补偿给他们 5 斤茶叶。这些茶叶没有上报公账，而是由林则徐本人和当地人士捐出来的，但是一番好意最终却被义律别有用心地拒绝了。义律对英国商人们承诺，因上缴鸦片而遭受的损失，将来都可凭收据获得他本人和英国政府提供的补偿，义律给大家开了十二个月的期票，说是要回国交兑。而事实却是英国政府根本没有承诺过这么一回事，义律这样做的目的，就是要设下圈套拖英国政府下水，让英国政府被这些损失惨重的烟贩纠缠，最后好下决心对中国实施武力报复。

截止到四月初六，包括邻省的鸦片船在内，所有的鸦片船都陆陆续续来到虎门上缴鸦片，收缴的鸦片多达两三百万斤。这时外界的人们都纷纷猜测这位具有铁腕手段的钦差大臣会如何处理这些鸦片。外国商人们希望中国政府能成立鸦片专卖，然后用赚来的钱设立基金，补偿他们的损失。然而大大超乎了大家的预想，林则徐的处置方式竟然是将这大量的鸦片全部销毁，处理得干干净净。有些人拍手叫好，有些人大失所望，那些以小人之心度君子之腹、以为林则徐要借此机会发一笔横财的，后来都恍然大悟，在心中暗自惭愧。

林则徐这样做是有道光帝的批准的，他原本打算把烟土交到北京，但数量实在太多，运送回京的话太过劳师动众，实在没有必要，于是道光批示直接在虎门焚毁。林则徐收到指示后就开始琢磨焚毁的方法。这次的鸦片有两三百万斤之多，如果还用过去的方法，很难处理得干净利落。拌桐油用火烧土地中会留有渗入的残膏，若仔细挖掘，还能再挖出一些，而这次林则徐是下定了决心，一定要彻底毁掉这批鸦片，不能让它们再继续害人。

经过一番研究和实验，林则徐终于找到了最佳办法。他先命人在虎门海滩挖了两个大池，在池底撒上一层厚厚的石灰，严封四周以防止其扩散，然后引水入池，在水中撒入盐，再将鸦片倒入盐水中泡上半天，这时再放入整块烧透的石灰，池中的水就立刻沸腾了起来。为了让块状的石灰彻底溶解，林则徐又命工人们用铁锄木棍搅拌。待到涨潮之后的退潮，林则徐命人打开池子，让海水冲走池中的一切，然后用清水冲洗池子，过后就了无遗痕了。

除了对销毁鸦片的工作一丝不苟之外，林则徐还格外留心是否有鸦片被偷偷带出。所有的工作人员在完工后都要搜身。带着这样谨慎的工作态度，大概一天可以完成三四百箱鸦片的销毁工作。林则徐亲自点验每箱的品级数量，丝毫不敢马虎大意。

四月二十日早晨，林则徐率同文武官员，那篇精彩的祭文被公认为可以和韩愈的《祭鳄鱼文》相媲美：

> 独是归墟虽广，群动胥含，倘波臣之夙戒无闻，恐水族之豫防莫及，本除害马，岂任殃鱼！比诸毒矢强弓，会须暂徙，庶使歼鳞凡介，勿损滋生！

四月二十二日开始焚化烟土，大家决定把这一天定为“禁烟节”。销毁鸦片的工作足足持续了22天，共销毁鸦片

19179箱。有些人烟瘾发作，跑到现场妄图偷鸦片，最后都被当场捕获。

焚烟的场面很壮观，真是千百年来难得一见。附近的居民都跑来争相观看，现场被围得一重又一重，甚至连外国商人也带着亲朋好友特地赶来观看。

原本之前林则徐已经被任命为了辖区最大的两江总督，因为前任两江总督陶澍告老还乡，临走时特意举荐林则徐继任，但是销毁鸦片的工作一日未了，林则徐就亲自在第一线监督管理，决不离开，坚持他一贯的“除恶务尽”的作风。

林则徐费尽心机，总算让外国商人们乖乖地将鸦片上缴，他想要趁热打铁，一鼓作气，严厉惩罚那些还有囤货的商人和吸食者，以免鸦片贸易死灰复燃，造成奇货可居的局面。但是就在这个紧要关头，道光下了一道让林则徐很是寒心的

虎门销烟图

命令，京师方面反而下令减轻吸鸦片烟者的罪名。林则徐心中明白，一定是朝中有些吸食鸦片的大臣进了谗言陷害他，阻挠他的事业，林则徐心中升起一种不祥的预感，但是他只能继续上奏，尽量保护自己苦心经营的局面。

中国官员的相互倾轧让外国商人们心中窃喜，登时心思又活络了起来。原本有些人已经准备收手不干了，听到了消息之后又心生希望，采取观望的态度，想看看有没有东山再起的机会。道光皇帝的这一道圣旨，大大增加了林则徐工作的困难，使事情越发难办了。

虽然因为禁烟的工作，林则徐得罪了许多朝中的官员，但出乎意料的是，林则徐在广东的人缘很不错。同样很受道光赏识的两广总督邓廷桢先前还是弛禁派，和林则徐分属两个不同的阵营，而且他的身份也让他很难做到和林则徐合作无间、步调一致，但是邓廷桢确实发自真心地佩服林则徐，尽可能地帮助和配合林则徐的工作，他比林则徐大 10 岁，又早林则徐六年当上了总督,但是却和林则徐相处得很融洽，丝毫没有倚老卖老的派头，二人结下了深厚的情谊。

## 整顿水师

鸦片全部被销毁之后，林则徐就开始考虑整顿水师。他心中很清楚，销毁鸦片的举动定然会引起英国的不满，为了有备无患，中国必须要有强大的海军力量，否则一旦发生战争，中国一定没有办法和英国强大的海军舰队抗衡。而且鸦片曾经带给水师巨大的利益，禁烟之后，如何能让那些捞不到油水的水师奋力去作战，是目前迫切需要解决的问题。水师内部腐败严重，如果要彻底清查的话，肯定会牵连甚广，影响到整个水师的士气，因为几乎没有人是清白的，连两广总督邓廷桢也不例外。邓廷桢曾经对林则徐的禁烟工作大力支持，不管于公于私，林则徐都不希望让邓廷桢丢掉官位，晚节不保。

因此，林则徐对水师的将士们大多都从轻发落，给他们改过自新的机会。水师将士们个个对他心存感激，整个水师面目一新，后来还在十分艰苦的条件之下打了好几场漂亮的胜仗。

林则徐深知中国的海军力量和英国舰艇的巨大差距，因此他将军队化整为零，采取“游击”战术以达到出其不意的效果。除此之外，他还想出了使用“火船”的办法，在暗夜里向敌船抛掷火器，实行火攻。为了壮大水师的队伍，他从渔民疍户中挑选出了5000名精壮之士，每月发给他们薪饷和赡家费，对他们进行严格的训练。

疍户是当时中国一类十分特殊的人群，他们以船为家，常年居住在水上，活跃于闽、粤沿海一带。自唐宋起，他们就以贱民的身份被编入户籍，直到雍正年间，政府才将这些疍户和其他百姓一视同仁。清代以后，他们还在香港、澳门一带经营水上饭店和水上运输。这些人以捕鱼采珠为生，有着极佳的水性，很适合被训练成水军。

当时广东附近的海域生活着大量的延户，渔船遍布，他们过着亡命之徒的生活，经常不顾惜自己的性命，就连不把中国水师放在眼里的英国舰艇都对这些延民们有所顾忌，所以林则徐才把这些人招募到了水师当中，只要训练得法，他们就能大大增强水师的实力。

林则徐把他们编入广东水师当中，还有几点用意：首先，民众的力量很大，能够重振军心士气，而且林则徐也没有向上面拨请经费，也没有向他省调兵，只是就地取材、就地募款就解决了问题，有钱的出钱，有力的出力，真正做到了物尽其用；其次，林则徐担心这股强大的海上力量总有一天会被英方所用，如果这些人沦为英商贩毒走私的工具，那么禁烟的工作将难上加难，后果不堪设想，所以林则徐一定要抢先掌握这股力量。

林则徐对收集情报和资料的工作也十分重视。他命人天天收集当时的《澳门新闻报》的新闻，并翻译成中文。此外，林则徐还主持翻译了几本学术作品，有关于武器制造的，有关于西洋史地的，如《地理百科全书》，还有关于商业经济的，等等。他还委托美籍医生派克，翻译了《万国公法》的一部分，后来魏源的《海国图志》中，就编入了大量林则徐收集的资料。

# 民族长城

林则徐明白缴烟并不是一劳永逸的办法，于是他要求外国商人们作出承诺，表示以后不会再来中国贩卖鸦片。林则徐始终都相信这些外国商人还是很重信用的，只要他们作出保证，林则徐就感到安心多了。有些烟商已经打算答应了，但是义律却从中作梗，他从来就没有诚意停止鸦片生意，义律害怕如果让林则徐得逞，那么以后的走私货都没人买，这个责任他实在负不起。义律的插手使得双方的谈判再次破裂，中英关系也陷入了低谷。

林则徐一直赞成黄爵滋“死刑禁烟”的严厉主张，一再强调“货即没官，人即正法”，让义律感到很恼火。义律处心积虑，就想要获得在中国的治外法权。他认为要中国人戒掉鸦片是完全不可能的事。只要中国人的鸦片瘾不断，鸦片走私行为就一定不会断绝。若是英国商人不卖鸦片，别国商人也一样会卖，他不想眼睁睁地看着大把大把的银子都被别人赚走。而林则徐则认为如果国人都能严于律己，决心戒烟，那么外国商人们自然就不会揪住中国不放了。

义律搅乱了林则徐和外国商人的谈判后，又开始在海上私卖鸦片，他以极低的价格引诱海上的渔民们购买，更过分的是，他禁止做正当生意的英国商船进入，结果32艘商船滞留在九龙尖沙咀一带，船主们纷纷叫苦连天。林则徐知道后勃然大怒，立刻下令出动水师，全面扫荡海面上的鸦片走私。

林则徐和义律的冲突远不止于此，在不久之后爆发的“林维喜案件”中，二人再次针锋相对。这起案件的起因是一群去尖沙咀买酒的英国水手和当地人产生了冲突，打伤了村民林维喜，结果林维喜在第二天就不治身亡了。林则徐知道后，强烈要求义律交出凶手。义律一口拒绝了林则徐的要求，他早就有意行使治外法权，觉得这件事就是一个时机，于是他私自审讯犯人，出款抚恤受害者的家人。

在林则徐看来，义律这样做不符合中国的法令，在《万国公法》中也没有找到有关条例。林则徐一怒之下便通知澳门当局停止供应英国人水及食物，并撤去了他们雇用的仆役。林则徐和邓廷桢于七月二十六日亲赴澳门安抚葡萄牙人，顺便巡视当地的情形。至于义律那边，在听说了印度兵船抵达的时候就起了动武之心。

林则徐一直对义律有所提防，为了防止有汉奸接应敌人，二十七日中午，林则徐派大鹏营的参将赖恩爵率领3艘船到附近海面巡逻。赖恩爵保持高度的警惕，果然发现义律的5艘船在悄悄逼近，他连忙大声喝阻。而地方船上的人却对他笑脸相迎，声称他们想上岸购买粮食，要向关天培请求许可。

赖恩爵不疑有诈,回头想找一个懂英语的人和他们交涉,然而就在这时,5艘英船一起向他们开火,刹那间硝烟四起,密集的炮弹袭来,登时就有一个正在修船的士兵被轰得血肉横飞,当场殒命。中国船的设备落后,几乎连招架之力都没有。赖恩爵怒气冲天,一点也不畏惧敌人的强大武器,马上下令各船开火反击,结果一击即中,一艘英船在漩涡中团团打转,船上的人纷纷狼狈落水,这一炮起到了很强的威慑效果,其余4艘船再也不敢恋战,掉转头后落荒而逃。

这一次小小的胜利大大鼓舞了中国的官兵们,个个都欢欣雀跃,而义律却输得很不甘心,没有多久又带兵前来,这一次的兵船比上一次的多,而且设备精良,火力迅猛,但是中国的官兵们也毫无畏惧,他们士气如虹,奋勇向前。有些英军当场中弹身亡,有些被打落水下,被英兵放下的小艇救了上来。中国官兵花样百出,以智取胜,在重要部位堆沙包、浇海水,最终让英军狼狈不堪地退回了尖沙咀。

这次九龙尖沙咀的海战揭开了鸦片战争的序幕,历时5小时,从伤亡人数上看,中国无疑取得了胜利,中国两死六伤,而英国方面,仅捞起的浮尸就有17具,一名叫德忌士的舰长失去了一只手,受伤人数也不少,这就是中英的第一次交战。虽然规模很小,但是却增强了中国军士的自信,大家不再惧怕洋枪洋炮,开始同仇敌忾,奋勇向前了。道光皇帝知道后很高兴,对赖恩爵赞不绝口,并升了他的官,然后又抚恤阵亡的将士,并且下了一道让林则徐等人很为难的旨意:

> 既已大张挞伐，何难再示兵威？林则徐经朕谆谕，谅必计出万全，一劳永逸。断不至轻率偾事，亦不致畏葸无能也。

道光一方面想要迎战，一方面却又舍不得多花钱。林则徐、邓廷桢和关天培三人商量之后，只好决定“以守为战”，四处筹款募捐好充当军费。

义律并没有因失败而老实，反而更加愤愤不平，一心要把事情闹大。林则徐也没有被胜利冲昏头脑，而是冷静地分析了当前的形势，他清楚如果英方倾巢而来，从中国的实力和不重视海防的观念来讲，中国根本就不是英国人的对手。很多人都把林则徐当作是主战派，殊不知当时的主战派正是道光本人。林则徐认为现在开战的时机未到，当务之急，是禁烟和巩固国防，只有强身强国，国家才有尊严可言，但是道光完全不理他苦口婆心的劝说。

林则徐在后来的家书中，向自己的妻子透露了他心中的委屈，也表达了自己为了国家不顾生死和名誉的决心：

> 外间悠悠之口，都谓我激起夷衅，殊不知实出圣躬独断，屡颁严旨……盖以身许国，但求福国利民，与民除害。自身生死尚且付诸度外，毁誉更不计及也……

虽然严厉打压鸦片走私，但是林则徐一直都很支持正当的国际贸易，不管是和哪个国家，他都表示友好，然而义律却最怕中英贸易恢复正常，那样的话，他就无法实现武力报复中国的愿望了。九月二十八日，义律拦截了所有英国商船，打算阻止这些人到中国做生意，但是这次他没有如愿，关天培适时地阻止了他的行动，义律再度逞强，于是穿鼻海战爆发了。

这场战役持续了十天，第一次交手英军就死伤 20 多人。此后英军不断前来挑衅，关天培率领众将士在一天之内连胜六仗。这个大快人心的消息传开后使得举国上下都振奋不已。

经过了穿鼻海战，中英关系彻底破裂，再也没有和谈的希望了。而此时的道光却得意忘形，沾沾自喜，竟然下令停止中英的贸易。林则徐没有办法，只好执行道光的命令，严禁贸易。但同时他也知道这样做的后果很严重，英国可能会倾巢而出，以武力作为报复手段，到时候就不是这样的小打小闹了，林则徐心中担忧不已，命令沿海各省加紧防范。后来道光又接连下了几道旨令，一再重申停止对外贸易的法令，让想要缓和局势的林则徐深感为难，道光完全不想留有任何余地。

十二月的时候发生了几次人员的调动，邓廷桢被任命为两江总督，林则徐出任两广总督。随后邓廷桢又转调闽浙总督，两江总督换成了伊里布。

林则徐的禁烟运动导致鸦片的价格一落千丈，让原本还想继续在闽粤沿海进行鸦片走私的义律大失所望。失去了鸦片走私优势的英国商人地位也不如从前,美国商人趁机崛起，占据了对华贸易的首要位置，英国商人看在眼中，只有分外眼红的份了。

林则徐为了缓和中英关系作出了很多努力，他相信义律的所作所为必定不是英国国王的意思，料想其中恐怕有义律的挑拨和渲染，因此林则徐拟了一份书面说明，也就是著名的《谕英吉利国王檄》，这篇文章经过了道光的审核，由袁德辉翻译，最后林则徐为了保险起见，还特意拿给美国人威廉·亨德，让他由英文再翻回中文，林则徐检查之后没有什么不妥之处，打算直接呈给英国国王，但是来自美国的医生派克看过之后，觉得这样做恐怕不会有什么效果。

林则徐的这篇文章确实没起到什么作用。义律果然在英国国会挑拨离间，歪曲事实后还大肆宣扬，说中国人对英国君主和国会的不满和侮辱，而对自己贩卖鸦片违反中国法令的事却略过不提。义律的宣扬在英国国会引起了轩然大波，国会通过了三天的讨论，最终通过了对华出兵的议案。英国远征东方的大军已经出动了，林则徐的信才漂洋过海辗转到了英国。当时大部分的普通英国人，都不了解英国商人大量走私鸦片到中国的内幕。

英国舰队开始的时候屡次进犯广州，但在林则徐和关天培的守卫下都无功而返,最后英军决定放弃防守严密的广州，转而攻向定海，结果英军一路势如破竹，中国军士连连败北。道光皇帝这才从志得意满的迷梦中惊醒，但还是改不了吝啬成性、舍不得经费的毛病。一下子面临大敌压境的窘境，满朝文武都慌了神，再加上有些权臣早就存着坏心思在等待时机，大家一股脑地把责任都推到了林则徐的身上，纷纷要求将林则徐革职查办。

义律早就预料到了这种情况，声称如果直隶总督琦善到广东的话，中英就可以和平相处。道光一听如释重负，立刻派琦善到广州。琦善到了广州以后，立刻命令水师撤退，撤销了林则徐整顿军备时的诸多措施，还厚颜无耻地巴结义律，用山珍海味宴请义律，并送给他美女。义律得寸进尺，趁机提出许多条件，琦善也都毫不犹豫地答应，完全违反了当初禁烟的立场。林则徐在广东的努力都白费了。

倒是占领定海的英国人伯麦说过一句公道话，他在得知林则徐和邓廷桢被革职的消息后说："林公是中国的好总督，有血性、有才气。"而另一位对中国官吏素无好感的英国人宾汉也对林则徐赞不绝口："他的最大死敌也不得不承认，他的手从来没有被贿赂玷污过。"这种出自强敌之口的赞美，往往是最具有说服力的。

尽管连敌人都为他感到不平，但林则徐本人对革职之事却表现得很平淡，他一向都是一个荣辱不惊的人。但是林则徐心中还是很担心国家安危，他始终坚信"能战方能和"的道理，只有真正有实力，才能获得别人的尊重，而像琦善那样卑躬屈膝，摇尾乞怜，始终不是长久的办法。果然，义律的得寸进尺终于让道光忍无可忍,一怒之下,改“抚”为“剿”,再次决定和英国开战，但此时林则徐苦心经营的海军防卫已经被琦善破坏殆尽，几乎就等于是“开门揖盗”了。

琦善一味地笑脸相迎，不料义律竟然提出要中国把香港割让给英国，这种事关领土的大事，琦善实在不敢擅自答应，只能拒绝了。义律因此而大为光火，于道光二十二年（1842年）一月七日开始了对虎门的攻击。

一时间广州地区炮火声不断,面对实力雄厚的英国舰队,关天培率领军士奋勇迎敌，可终究由于寡不敌众而失掉了虎门的各大要塞。原本琦善可以调动好几万的兵马，此时他却按兵不动，关天培长叹一声，誓死也要守卫靖远炮台。英军登陆时，他的部下见大势已去，纷纷逃跑，此时他的身边只剩下几名老弱残兵，关天培面无惧色，亲自发炮。战斗的最后，已经成了血人的关天培独自一人发炮攻击敌人，等英军拥上来时，他挥刀砍死了几名英军后死在了乱刀之下，一代名将就这样壮烈牺牲了。

关天培英勇地战斗到了最后一刻，赢得了世人的敬重，就连敌人都对他甚为佩服。参加这次战役的英舰尼美西斯号的舰长荷尔曾写道：

许多中国军人死得既英勇又高贵。其中最可敬可哀的，莫过于关提督之壮烈成仁。他的家人前来收尸时，白兰汉号号角齐鸣向他致敬。

关天培生前和朋友喝酒聊天的时候曾开玩笑地说过:“看相的都说我生当扬威，死当庙食。我现在都快40岁了，只怕是没有希望了。”道光听了关天培壮烈捐躯的消息之后，心中也是一阵悲怆，然后赐丧赐祭，并在他殉国之处，立专祀祭之。他死后的哀荣，也算是应了“生当扬威，死当庙食”的预言了。

在鸦片战争中，中国之所以失败，主要是由于道光在军费上的过分紧缩，其实道光下定决心禁烟，也是从经济的角度考虑的，鸦片战争之前，他这么说过:“英美如海中鲸鳄，来去无定。在我则九省戒严，隔洋郡县，俱当有备，而终不能我武维扬，扫穴犁庭。试问内地之兵民，国家之财富，有如此消耗之理乎？”可见道光完全是从钱财的角度考虑问题，而缺乏真正长远的眼光。道光不肯在国防上多花钱，最终导致藩篱尽失，终至一着错，满盘皆输。毕竟当时的英国人还是路远人少，后援难继，如果当初肯花一笔钱拨为国防预算，也不致沦到丧权辱国、割地赔款的地步。

## 文化冲突

林则徐是个眼界很开阔的官员，十分注意学习西方的知识，但当时中国的大环境却有诸多的限制。

首先，我国没有专门的外交机构。当时国人对于和外人关系的理解极为肤浅，觉得和外人的关系仅属于商场上的关系，如果发生重大事故，钦差大臣就是临时的外交官，而且还必须承担所作决定的政治责任，时常换人也会造成外交方针摇摆不定，政策也缺乏连贯性。

其次，当时的整个中国社会，都严重缺乏对外界的认识，导致处理外交事务时经常有处理不当的地方。很多人都单纯地认为，如果外国人得不到中国的茶叶，就会肠塞而死。和外国人打交道的撒手锏就是断绝贸易。与此相反，许多外国人回国后多著书立说，官方也发布商务监督的报告。还有《澳门月报》专门研究中国地理，探讨中国政事。

再次，不重视和外国人的谈判，总是派些小官员去和外国人交涉，这些小官员学识修养都有限，而且往往也没有作决定的权力，只是做个传话人而已，大大降低了沟通的效率。

最后，妄自尊大，不了解国际惯例，拒绝其他外国势力的调停，失去了和平解决问题的机会。

外交上的闭塞，让中国在很长一段时间内不习惯国际上的做法。比如中国当时自诩为天朝上国，对于两国公文要用平等款式觉得难以接受。罗素有一次在伦敦作关于中国问题的演讲，当他念到乾隆要英国使者转交给英国国王的信时，下面的听众哄然大笑，信中的内容翻译成白话是："英国这个野蛮僻陋的国度，你们对中国的上国文化，不胜欣羡……"

罗素严肃地解释道：“如果你们了解当时的中国，就不会觉得可笑。中国就如同鼎盛时的罗马帝国，认为没有国家有资格与他平等地外交，这也是历史和环境所致。”最初有外国人要求通商，中国人总觉得他们是来入贡，派信使时总称他们是来朝。

所以，鸦片战争的起因除了贸易纠纷之外，还有中西文化的冲突。最终鸦片战争以签订丧权辱国的《南京条约》而结束，中国的统治者们才开始渐渐地觉悟，逐渐从“天朝大国”的观念中解脱出来，而加入了近代列邦的圈中。

# 壮志不老

## 远赴边疆

在鸦片战争中，英军唯一忌惮的就是林则徐，他们在林则徐那里碰了钉子，于是转战定海、宁波，一路北上渤海，以摧枯拉朽之势直逼大沽。平时只知道吃喝玩乐的沿途各大官员全都没了主意，在外敌面前完全不懂如何应变。为了推卸责任，逃避惩罚，他们异口同声指责林则徐为罪魁祸首。坚强的林则徐并不在乎大家的中伤，但是让他心中悲愤不已的是，在众口铄金之下，道光也开始不再信任他，对他的态度发生了一百八十度的转变。在国家最需要他的时候，在他最想为国家和百姓出力的时候，他却因为那些小人而无法获得重用。

同样是败给英国，签订了屈辱的条约，但是日本却能痛定思痛,走上了明治维新的道路。而道光皇帝不但不思反省，还轻信谗言，让林则徐报国无门，国家内忧外患，真是让人感叹。

林则徐多年来操劳国事，尽心尽力，如今已经须发皆白，广东的百姓听到他被革职的消息，都禁不住失声痛哭。将林则徐革职后，道光开始格外倚重琦善，但是琦善最终还是让他很失望，面对义律，琦善只会妥协退让，道光无奈，只好将琦善革职，任命两江总督裕谦为钦差大臣。裕谦虽然奉行林则徐的路线，仍然不能挽救浙江的危急，此时的道光不由得怀念起林则徐的才干和忠心，终于降旨派林则徐衔四品赶赴浙江，而林则徐则带着复杂的心情北上。途经飞来寺时，林则徐留下两句联语：

孤舟转峡惊前梦　绝磴飞泉鉴此心

林则徐还在途中与南下省亲的长子汝舟在南昌相聚，当地的官员和名流们都纷纷赶来迎接父子二人，林则徐与宾客们谈了一夜，直到快要天亮的时候才入睡，第二天又兼程赶往浙江镇海。

消息传来，镇海的地方百姓激动不已，都想看一看这位久负盛名的禁烟功臣。林则徐一到达目的地就赶紧接见巡抚刘韵珂，然后又上山勘察地理形势及炮台部署，了解当地的军力和装备。

新任的钦差大臣裕谦对林则徐的人品和才干都很佩服，多亏了这位裕谦，浙江的防卫部署都采用了林则徐的方法。可惜没过多久裕谦也被贬革职。

就在林则徐刚刚开始想要大展拳脚之时，噩运再次降临到了他的头上。道光对琦善很是气愤，琦善很可能遭受极刑，这对满洲权贵来说无疑是一个很大的打击，因此纷纷由于琦善的倒台而迁怒于林则徐，一面营救琦善，一面再次向道光进谗言，蓄意陷害林则徐，发誓要让林则徐再也没有东山再起的机会。在这些小人的搬弄是非下，林则徐、邓廷桢被贬到了新疆伊犁。

林则徐平静地接下圣旨，默默收拾行囊，打算次日就起程离开。走到杭州的时候，旧时的同僚好友纷纷前来相送，白发苍苍的林则徐将要去往遥远的新疆，许多人都心中不平而忍不住流下了眼泪。为了答谢前来送行的友人，林则徐写了两首诗，展现了他不畏艰险的胸襟和气魄：

唱彻阳关万里秋，借书还为说三州。
几人绝域逢青眼，前度归程羡黑头。
不信玉门成畏道，欲倾珠海洗边愁。
临歧极目仍南望，蜃气连云正结楼。

惜别群公各感秋，酒痕襟上话杭州。
传书犬欲寻黄耳，瞻屋乌难换白头。
相送莫贻临贺累，有心都寄夜郎愁。
追谈往事还西笑，多少羁臣出节楼。

林则徐到达扬州的时候，传来河南境内黄河决堤的消息，当时的河东河道总督王鼎自然不想错过林则徐这个出名的水利专家，于是向道光上奏极力推荐林则徐协助治理，立刻得到了道光的批准。于是原本打算直奔新疆的林则徐就奉旨前往河东。林则徐的朋友们听说可以戴罪立功，都为他感到高兴，以为这样就不必远赴伊犁了。

林则徐不辞辛劳，日夜都奋斗在最前沿，在大家的努力下，终于在六个月后完成了任务。王鼎高兴地为大家设庆功宴，以上宾之礼待林则徐，大家都以为林则徐将功赎罪，不用再跋山涉水跑到新疆，纷纷向他表示祝贺。然而热闹的宴席还没结束，大家言谈正欢的时候，道光的旨意到了，林则徐还是要前往伊犁。众人都被这道圣旨惊呆了，举座愕然，一个为国家鞠躬尽瘁的忠臣，竟然得到这样的待遇，王鼎的心凉透了，大家都是一副敢怒不敢言的样子，只有林则徐面不改色，谈笑自如，叫人看了更加心酸。

第二天林则徐起程前往伊犁,白发苍苍的王鼎赶来送行，不禁老泪纵横，悲不可抑。这份情怀让林则徐很是感动，曾在诗中写道“君恩每饭总难忘”。

王鼎为了能够让林则徐回来付出了很多努力。他屡次向皇上推荐林则徐，那个糊涂皇帝就是听不进去。王鼎悲愤交加，每次遇到军机大臣穆彰阿都忍不住破口大骂，穆彰阿只是苦笑着回避他。王鼎为人直率，哪怕是在皇帝的面前也毫不掩饰对穆彰阿的仇恨，大骂他是秦桧、严嵩之流，穆彰阿也不反驳，只是沉默不语。道光皇帝见此情形很不满意，对王鼎说:“卿醉矣！”就命太监把他搀扶出去。

又有一次，王鼎在道光面前苦谏，执意要求重新重用林则徐，道光皇帝终于失去了耐心，拍案而起，王鼎就在心中作出了一个决定，要用“尸谏”来引起皇上的注意，无奈王鼎牺牲了性命，还是没能实现自己的心愿，这一切都是穆彰阿捣的鬼。

穆彰阿的亲信陈孚恩反应机敏，办事很有手段。一天早朝，陈孚恩没找到王鼎的身影，担心他做出什么不利于穆彰阿的事来，就连忙驾车赶到了王鼎家中，而此时的王鼎已经自缢身亡了。按照当时的规定，大臣自杀，必须要奏闻验视才可入殓。王鼎的家人都不敢随意解下尸体，陈孚恩见状自作主张把尸体解下，还从王鼎的衣服中搜出了不利于穆彰阿的奏章,陈孚恩威胁王鼎的儿子说:“这些话皇上早就听腻了，呈上去只会惹得龙颜大怒，不但令尊得不到抚恤，还可能影响你这辈子的仕途，还是不要给皇上看到这封奏章吧。”

王鼎的儿子当时正任职翰林编修，陈孚恩的话正中他的要害，他思索了一会儿，就同意了陈孚恩的建议，谎称王鼎是死于暴疾。陈孚恩立此大功，受到穆彰阿的赞赏，从此平步青云，成为了兵部尚书军机大臣。

王鼎的死因惹得大家纷纷猜测，觉得这件事非常蹊跷，但是也没有人想到要彻查此事。可悲的是王鼎以死相谏，却最终连自己的子孙都不支持，让人唏嘘不已。听到王鼎的死讯，正在驻守边疆的林则徐心痛不已，他写下两首诗送给这位意气相投的知己：

才释元圭告禹功，公归遵渚咏飞鸿。
休休岂盾争他技，蹇蹇俄惊失匪躬。
下马有坟悲董相，只鸡无路奠桥公。
伤心知己千行泪，洒向平沙大幕风。

廿载枢机赞画深，独悲时事涕难禁。
艰屯谁是舟同济，献替其如突不黔。
卫史遗言成永憾，晋卿祈死岂初心。
黄扉闻道犹虚席，一鉴云亡未易任。

虽然被派遣到了边疆，但是林则徐并没有把这些宦海沉浮放在心上，只是念念不忘烽火连天的江南与国家的安危，下面是他写给家人的一首诗，诗中流露出了他的豁达和对国家的忠心：

力微任重久神疲，再竭衰庸定不支。
苟利国家生死以，岂因祸福避趋之。
谪居正是君恩厚，养拙刚于戍卒宜。
戏与山妻说故事，试吟断送老头皮。

他从长安赴伊犁时，连路费都发生困难。林则徐为官清廉，又时常自掏腰包给百姓办事，导致他去新疆的途中连路费都不够。最后还是变卖了一点家产才上路。当地富贾苏百万知道了这件事，执意要送一百万银子给他，但是林则徐坚持要用自己的房契作抵押，否则就不肯接受。而这一笔钱，除了路上必要的花销之外，林则徐全部捐到了伊犁附近的渠工工程上。

## 塞外黄沙

多年的劳累，加上旅途的颠簸，让林则徐显得异常衰老。在长途跋涉中，林则徐还染上了疟疾和疝气，而且体力也渐感不支。到达西安时，曾差一点因为疟疾而送命。含冤被贬，背井离乡，为国家作贡献的一腔热血无处发泄，让他的身体状况越来越差。

林则徐有写日记的习惯，就连这样艰苦的旅途也不例外。只不过后来这些珍贵的资料都被分给了子孙后代们，以至支离破碎，没能得以完整地保存下来。值得庆幸的是，从西安到伊犁这段旅途的日记流传了下来，被编成文集，名为《荷戈纪程》。这些日记中记载了他的沿途见闻和感受，对山川要塞、豪杰遗迹、风土民俗、民生疾苦都有详尽的描写，从道光二十二年（1842 年）七月初六一直记载到十月初十。书中有诗云：

荷戈绝徼路迢遥，故纸差堪伴寂寥。
纵许三年生马角，也须千卷束牛腰。
疗饥字学神仙煮，下酒胸同块垒浇。
不改啸歌出金石，毡庐风雪夜萧萧。

郭柏苍的《竹间十日话》对林则徐的这段旅程也有记载，他的行李车有 7 辆，其中大部分都是书籍，这些书被装在 20 个大筐里，筐上分别标着“东壁图书府、西园翰墨林、诵诗闻国政、讲易见天心”的字样。除此之外，林则徐还带了许多绫绢宣纸，皆为公卿士子求书之备。

林则徐擅长书法中的欧阳体，早在翰林院时就享有盛名，他的墨宝至今还为世人所珍藏。过去为国家大事而奔波劳碌，导致林则徐一直没有机会一展所长，而日记就是很好的写字机会，他的日记通篇用工整的小楷写成，在为母亲弃官服丧期间，还曾写过许多对联。如今在这漫长的旅途中，林则徐终于有时间练习书法，还经常应邀为别人写字，百姓前来求题咏者络绎不绝。

林则徐书法作品

林则徐对于在墨宝上加盖的印章也很花心思，上面的字样能反映出他在不同时期的人生经历。如果印章上的字样是“读书东观视草西台”，那就说明这是林则徐在翰林院任内官时所做；如果印章上刻的是

“诃臣开府”的话，就说明这是林则徐当江苏巡抚时的作品；在湖广总督的任上，他的印章上的字样是“管理江淮河汉”；而在新疆的那段时间，他所用的印章是“宠辱皆忘”，表达了他豁达的心态；在饱尝了塞外黄沙，见识了大半个中国，从新疆回来后，他引用了苏东坡的那句“身行万里半天下”；后来林则徐又担任云贵总督，兼领太子太保的头衔，印章上刻的就是“青宫太保之章”；到了晚年，林则徐辞官退隐，回首自己跌宕起伏的一生,他又刻了一个印章,上面写着“历官十四省统兵四十万侯官林则徐字少穆印”的字样。

毕竟林则徐年事已高，在漫长的旅途中，不能再像往常那样连日地赶路了，途中他曾在河南洛阳的亲家叶申芗那儿小住了几天，这是他停留的第一站。林则徐在老友的陪同下去了龙门香山寺玩赏。继续西行，在春暖花开的四月天里，一行人又在华阴县稍作停留，在华阴县令的陪同下游览了华山，当时正赶上浴佛节，林则徐心情舒畅，还作了一首长歌。

到达西安后天气已经转热，盛夏来临了，林则徐的疟疾又再发作，差一点就命丧于此了。为了养好身体，也因为当时雨季来临，河水暴涨，无法上路，林则徐在西安停留了整整一个夏天，秋初才开始上路。

林则徐的夫人此时在西安犯了风湿病，身有官衔不能出关的大儿子汝舟留下来照顾她，18 岁的次子和 16 岁的小儿子都陪在林则徐的身边，和他同赴伊犁。上路的那天，仅前来送行的大小文武官员就多达三十几位。道台方仲鸿和刘监泉等都是林则徐的门生，许多人都送到了城外二十多里，陕西巡抚李星沅也答应帮忙照顾林则徐的家眷和转交家信。长子汝舟对于即将远赴塞外的老父亲十分不舍，一路跟着父亲送了五天，最后还是林则徐劝他回去陪伴母亲。

阴历七月底，林则徐一行抵达兰州，满城的文武官员早就听说过林则徐的大名，对他的忠心和才干都很敬佩，于是集体来到城门外迎接。林则徐受到了兰州官员们的热情款待，在此地停留了九天，最后于八月十四日达到了凉州。长城边缘的小城市消息还有些闭塞，林则徐一直关注着国家局势，此时也只是知道镇江失陷，不知《南京条约》已缔结多日。他始终坚信，只要有决心和毅力，国家就一定会转危为安。林则徐时刻都想着报效祖国，还在信中说道："扼要首在荆襄，须联结秦楚以为之。"

林则徐在凉州停留了七八天，同乡晚辈郭柏荫一直陪在林则徐的左右，林则徐就在这有些荒凉的边境度过了中秋节。一轮孤凄的圆月挂在苍凉的原野上空，林则徐心中感慨万分，去年的中秋节，他还在和邓廷桢、关天培三人在广州沙角炮台赏月赋诗，月光还是一片朦胧的银色，但却人事已非，仅一年的时间，当年虽已年迈但都豪情不减的三个人，关天培已经为国捐躯，邓廷桢和自己一样被派遣到了边陲，林则徐叹了一口气，想起了去年此时做的一首长歌，发现原来去年的此时，自己心中就已经有了不祥的预感：

今年此夕销百忧，
明年此夕相对不？
留诗准备别后忆，
事定吾欲归田畴！

八月二十二日，林则徐起程继续再往西北行，不多时就到达了甘肃省最后一个大站——肃州，再往西北行，就是出塞的嘉峪关了。肃州早已远道相迎，等候多时了。林则徐在这里接到了邓廷桢的来信，他已代为安排了林则徐在伊犁的寓所，林则徐作了一首诗回复他：

扬沙翰海行犹滞，
啮雪穷卤味早谙。
知是旷怀能作达，
只愁烽火照江南。

来到了草木不生的塞外，无边无际的瀚海黄沙在大地上厚厚地铺开，北风呼啸，夹带着飞沙走石，迎面打来，四目望去，北边是长城的尽端，南面是傲然的雪峰，那是绵延千里的祁连山。林则徐策马出关，见到这完全不同于中原的景象，不知何日能够返回家园，报效国家，林则徐悲从中来，不禁潸潸泪下。

一行人在大风中艰难前行，风餐露宿，极尽颠沛之苦。

白发苍苍的林则徐紧紧地拉住了两个儿子，步履维艰地向前走，天地间一片寂寞凄凉。

不管到了怎样的环境当中，林则徐始终都能保持达观的心态，很快地适应命运交给他的各种安排。林则徐渐渐就能以欣赏的眼光来审视这大西北的苍莽和辽阔，看黄沙和雪山搭配而成的雄浑与壮美，林则徐忘记了旅途的劳顿，不禁诗意大发，其中不乏轻松谐趣之句：

天山万笏耸琼瑶，
导我西行伴寂寥。
我与山灵相对笑，
满头晴雪共难消。

经过了一段艰难的旅程，风尘仆仆的一行人来到了新疆的第一站，位于天山南麓的哈密。这里是古代从玉门关通往西域的必经之地，有汉、回两城。哈密土地肥沃，物产丰富，出产的哈密瓜尤为香甜可口，颇负盛名。林则徐受到了当地官员的热情接待，休息两天后又再向西行。经过了半个月的翻山越岭，众人来到了天山北麓，到达了水草丰美、宜耕宜牧的乌鲁木齐。林则徐在此休息了四天，然后又经过了半个月的行程，最终达到伊犁。这一次等待林则徐的，是前所未有的隆重的欢迎仪式，伊犁将军和总督派遣的人员早已在城外等候多时了。

经过了千辛万苦，跨过了大半个中国，林则徐终于到达了终点站伊犁城。公道自在人心，这一路走来，路过的地方官无不对他表示友好和尊敬，伊犁的文武官员也都对林则徐敬重有加，让还是罪臣之身的林则徐很是感动，忘记了长途跋涉的疲劳和不适，体会到了一丝温暖。

更让林则徐感到高兴的是，在这背井离乡的时候，还能见到好友邓廷桢。在邓廷桢的陪同下，林则徐来到了他在伊犁的第一个家，这是邓廷桢为他安排的住所，位于南街鼓楼东边的第二条巷子。

紧接着伊犁将军布彦泰送来许多粮食，包括米、面、羊、猪、鸡、鸭等，其他官员也分别送来许多生活用品，前来慰问邀宴的官员络绎不绝。

布彦泰早先和林则徐没有任何交情，但是林则徐清正廉明的作风和办事的魄力远近闻名，布彦泰对他也是仰慕已久，经常在生活中帮助林则徐。林则徐来到这里以后，和当地的官员相处得很融洽，众人经常聚在一起饮酒作诗，谈天说地，也聊以慰藉林则徐的忧愤之心。这段时间，林则徐和邓廷桢几乎无日不见，这对患难之交的老友在一起，让这边塞生活看起来也没有那么凄凉，而林则徐的夫人在山西巡抚的照料下生活也十分安定。林则徐在这段时间里经常和家人及朋友通信，这些信件最后都被收录在了《软尘私议》中，从中可以得出林则徐对一些重要时事的观点。

第二年，在大文豪苏东坡诞辰 805 周年之日，林则徐和邓廷桢以及一些朋友设宴欢庆，林则徐还即兴作了一首诗：

中原俎豆不足奇，
请公乘云游四夷。
天西绝塞招灵旗，
下有荷戈之人顶礼之。

林则徐坚信学无止境，每到一地，都把文风带到那里。后来随着邓廷桢的离开，林则徐就少了许多作诗的兴致，诗文也少了许多。邓廷桢是林则徐到达伊犁后离开的，已经年近七旬的他,实在不适合再继续驻守边陲。邓廷桢东归之后，林则徐就将注意力放在了两件事上，一个是对俄国的研究，另一个就是新疆的开垦工作。

## 戍边垦荒

在广东的时候，林则徐曾经向道光提出过造船制炮，改善军备的建议，但是道光却愤怒地指责他“一派胡言”，林则徐忧心如焚，但随后就被派遣到新疆来，没有机会再进言了。后来林则徐在去伊犁的途中经过扬州，和好友魏源进行了一番畅谈。林则徐的想法触动了魏源，给了他编写《海国图志》的灵感。魏源根据林则徐请人翻译的《西夷四州志》

来编写，希望能够借此普及国人的世界知识。

当时俄国的势力已经延伸到了印度，和英国的摩擦已经不可避免，为了争取优势，俄国不断怂恿中国断绝和英国的贸易。而且俄国也同样对中国垂涎已久，包藏祸心，不可不防，但当时并没有多少人意识到这个问题，只有林则徐是较早关注俄国的人，可算是近代中国第一个具有现代知识和历史眼光的人。魏源继承并进一步推进了他的思想，使中国的士大夫阶层对国家的对外关系以及国际关系的认识有所提高。

清朝的中国，南面经常受到英国人的侵扰，北面还受着俄国的威胁，而中国起先只注意到了东北边境的俄国人，特许他们和那里的人通商，并签订了《尼布楚条约》和《恰克图条约》。但是在乾隆、嘉庆两朝，英国人遣使要求通商，却被中国严词拒绝，英国人愤怒之下便想要凭武力解决，以达到通商开埠的目的。

英国的武力侵扰吸引了中国全部的注意力，以致大家都忽略了一个潜在的敌人——俄国。其实英国人东来的本意，只是想要和俄国获得同等的权利，但是自以为是的清政府完全没有了解他们的意图，而且也完全不懂得在外交上利用英、俄之间的利害冲突坐收渔人之利。

从地理位置上讲，西北地区与俄国接壤，高屋建瓴，对于控制中国来说十分重要。《尼布楚条约》后，许多有识之士已经注意到了俄国的野心。他们的密使伪装成商人，准备勾结准格尔，意欲染指新疆，偷偷地从事政治上的颠覆活动。

当时俄国已经在中亚有了一定的根基，控制了吉尔吉斯草原，正在进一步到伊犁搜集资料。到了道光二十年（1840年），俄国和伊犁之间的贸易往来愈来愈频繁，俄国出口到伊犁的货物价值已高达八十九万八千英镑。道光二十五年，一条从奥伦堡至伊犁的公路修建而成，俄国人已经开始为侵略新疆作准备了。而这一切都被林则徐看在眼里。

因为重要的国防地位，清朝一直都很重视伊犁。它位于天山的一块盆地之中，北、东、南三面环山，伊犁河从西面流过，成为了俄国人进入新疆的捷径。伊犁南可控制南疆，北可通往乌鲁木齐和塔城。素来都有一种说法，那就是要想平定全疆，必先占据伊犁。伊犁将军之下有副都统、四大领队大臣等高级官吏，伊犁城素有“铜墙铁壁”之称。在新疆未设行省之前，伊犁是这里的政治、经济、文化和军事中心。

当时国人对新疆的认识很有限，一般人都觉得那里只是一个文化落后的沙漠地区而已。但当时的俄国人却认识到了新疆的重要价值，因为那里有着丰富的资源，矿产有石油、煤、金、银、铜、锡、钨，还有非常稀有的铀。

左宗棠有过一段很著名的对新疆战略位置的分析：“重新疆，所以保蒙古，保蒙古，所以卫京师。西北指臂相连，形势完整自无隙可乘。若新疆不固，蒙古不安，匪特甘、陕、山西各边，时虞侵略防不胜防，即北关山，亦将无家宁之日。”

当年林则徐托人译了许多西方资料，主要目的就是想要增进国人对海上强敌的认识。随后中、英之间爆发战争，举国上下都将目光投向海上，忽略了背后伺机而动的敌人。命运的安排让林则徐在这个时候来到伊犁，他当然要仔细研究一下这个敌人。

为了彻底认识俄国这个潜在的敌人，林则徐主要从两方面着手：一方面搜集各方资料，撰成《俄国国纪要》，提醒国人不能只关注海上的战事，还要加强对陆上强国的注意。另一方面就是从根本上充实边防，他四处考察，改进水利，提倡耕种，改屯兵为操防。林则徐重视对北面俄国的防卫，他的想法和认识都受到了后来湘军的重视，所以林则徐对湘军有很大的贡献。后来到了光绪年间，朝中就防日还是防俄的问题争论不休，李鸿章就主张放弃新疆，集中力量扩充海军以防日本。而后来的湘军首领左宗棠却坚决反对放弃新疆，这个立场之所以这么坚定，就是受了林则徐的很大影响。林则徐不但是提拔左宗棠的人，也是左宗棠最敬重的前贤。

与魏源等人积极主张设立新疆行省不同，左宗棠更重视在新疆的设防，他的很多主张都可以说是林则徐思想的延伸。新疆当年的情势和蒙古类似，但最终却没有走上蒙古“独立自治”的道路，其中离不开林则徐和左宗棠的努力。

后来林则徐回到中原，《南京条约》已经签订，英人占据香港，五口通商，正是气焰嚣张的时候。大家纷纷问林则徐对时局的看法，林则徐的回答却出乎大家的意料，对于英国，林则徐已经不怎么关心了，反而俄国是他心中最大的不安，而当时俄人已有数十年没侵犯中国了。林则徐看事情眼光长远，他认为英人之患是一时的，而俄人之患将遗于后世。

新疆地广人稀，粮产量不足，如果爆发战争的话，要从千里之外运输粮食，很不方便也很不安全。所以林则徐就抓紧垦荒，厚植国力。他当初那个没有实现的《畿辅水利议》的计划，也刚好可以在这里派上用场。已经60岁的林则徐兴致勃勃地埋头苦干，对于他来说，不管在什么地方，都可以实现人生的价值。

当伊犁将军布彦泰把林则徐协同垦荒的事上奏给皇上的时候，道光决定把开垦推广到其他的地方，除了伊犁和乌鲁木齐之外，还要扩展到吐鲁番及其南疆。林则徐不顾年迈的身体，奔波于万里黄沙之间，亲自勘察了库车、阿克苏、喀什噶尔、叶尔羌、乌什、和阗、伊拉里克、塔勒纳沁等城，足迹遍布天山山脉中的吐鲁番和哈密。

伊犁附近的阿齐乌荒地曾经被开垦过，最后却由于无法引入水源而功亏一篑。但是水利工程是林则徐的强项，他凭借着丰富的经验，亲自督建最重要的工程，自己也承担了一部分的花费。布彦泰终于见识到了林则徐老练的办事能力，认为生平所见过的人，无人能出其右。

道光二十五年（1845年）正月，林则徐要到乌鲁木齐和吐鲁番考察。途中看到许多水坑，林则徐好奇地向当地人打听起来，才知道这些水坑叫“坎儿井”。林则徐仔细研究了一阵，发现了让他振奋的事情。原来这些坎儿井能引水横流，由南向北，渐引渐高，水能从土中穿穴而行，这个发现能够解决很多地方的灌溉问题。

“坎儿井”实际上就是竖井和暗渠的合称，最主要的部分是地下的“暗渠”。暗渠非常宽大，可容得下两人并行，每年春天都要对其进行泥沙清理。暗渠上再凿“竖井”通于地面。暗渠有长有短，最长14公里，上有7个井，最短的3公里，上有2个井。凿井首先要探查出哪里有丰富的泉源，然后凿地为泉，为了避免水渗漏，必须要铺上羊毡，井与井之间一般相隔五六丈，最后打通暗渠，使它们相连。井通常都被凿在四面有高山的沙漠绿洲，以便用高山融水形成的地下伏流作为灌溉用水。

其实坎儿井由下而上出水是人们的一种错觉，而实际上完全相反。因为地下暗渠的坡度小于地面坡度，让人误以为是水往上流。平时竖井的井口是封闭的，形状像是馒头。井旁都堆满了沙砾，只有要清理淤泥的时候才打开。

开凿暗渠的花费很大，而且技术要求也很高，之所以要用“暗渠”而不用明渠，主要有以下几点原因：一是沙漠干燥，水源珍贵，用暗渠可以减少蒸发；二是在这一地区，地下水远远比地表水的资源丰富，开暗渠更能引来水源。三是用明渠土质易塌坏，而地底的暗渠由于拱力的关系则没有这项缺点。

坎儿井的发明无疑是经过了长时间的探索才成功的，它的应用给新疆带来了很多好处。吐鲁番是个高山环绕的盆地地区，气候燥热，干旱少雨，是坎儿井带来的水维持了当地的生活和生产，让吐鲁番成为了一个物产丰富、盛产瓜果的地方。

此次勘察，湖南人黄冕一直跟随在林则徐的左右，当年林则徐在江南兴办水利工程的时候他就从旁协助，在镇海制炮的时候也有此人的参与。这一次，黄冕又协助林则徐对坎儿井进行改良，进而推广到其他地区。新疆地区的人民对林则徐感恩戴德，为了纪念林则徐的恩德，他们将这些灌溉系统称之为“林公井”,和后来甘新公路两旁纪念左宗棠的“左公柳”同样有名。

天山的积雪成为了这些坎儿井的丰富的水源，吐鲁番四季都十分炎热，冰雪消融得很快，坎儿井很少有断水的时候。还有一井分两道掘开，形成了一个“人”字，这样涌上来的水就更多了。

在林则徐的精心改良下，坎儿井受到了大家的欢迎。没过多久，附近托克逊境内也成功开出了坎儿井，为开垦田地解决了最根本的问题，是一项造福一方的工程。后来有一些商人出资凿井，专做供水的生意，田亩的租值也靠有几口井而定。甚至渐渐产生了一个极具特色的风俗，询问他人的财产，常常是问这一家人有几口井，坎儿井日渐成为与人们生活息息相关的生活设施了。

托克逊往西的伊拉克里被当地人称之为“板土戈壁”，那里土壤肥沃，地形平坦，西面紧邻沙石戈壁，戈壁上时常有山泉涌出，甚至汇成一条大河，可惜水势散漫，很难加以利用，最后这些泉水白白流入沙漠之中。由于无法得到灌溉用水，这里一直都是板土戈壁，荒凉而人烟稀少。

林则徐看了那里的情形后觉得很可惜，下定决心一定要把这些水充分利用上。经过一番研究，林则徐的心中终于有了规划方案。他命人将沙石戈壁的水想办法纳入渠中，然后筑起一座水坝,这样就可以实现对水量和水势的调节。另外，他还命人修建了可通往板土戈壁的支渠。完工之后，林则徐又进行了一番检查，然后启动水坝放水，水顺势而行，周边的百姓看了都兴奋不已。

经过了多番努力，水利设施已差不多完成，接下来就该安插垦民，发放领地了。林则徐以“人、寿、年、丰”四字为编号，各选一位诚实公正的农民管理编号内钱、粮、水利之事。安排妥当了这里的事，林则徐顾不上休息，赶到南疆阿克苏等八城，深入到了距嘉峪关万里之遥的大西北。这里曾经有过很高程度的文明，几处绿洲都历史悠久，十分有名。林则徐不停歇地工作，忙起来的时候甚至连家信都没有时间写，就这样一路风尘仆仆，最终完成了那里的勘测工作。

由于工作内容繁琐，任务量大，朝廷派全庆辅助林则徐办理开垦和安民的工作，一旦遇到土地肥沃之处，就大量开垦屯田，安插民户，然后开渠引水。虽然有很多人从旁协助，但这些工作都是只有林则徐最能胜任，他不但是水利工程方面的专家，而且阅历丰富，办事精细老练，像丈量土地、分配农田、迁移民户等各项工作，他都做得毫无纰漏，让所有的人心服口服，这些工作也因此而能在短时间内发挥效用。

在新疆的日子，林则徐既安定了民生，也巩固了国防。他的足迹遍布天山南北、东西十八城，寻找水源、开辟沟渠、划拨田亩，督促民众进行耕作，实行寓兵于农的政策，粮食的产量也大大增加，彻底改善了少数民族同胞的生活状况。他以戴罪之身，完成了如此艰巨的任务，不但为国家节省了大量运输方面的人力、物力，还使得新疆地区每年上缴大量的田赋。这是新疆百年来从未有过的盛况，他的功绩将永远造福这里的人民。

众所周知，林则徐一生最伟大的功绩是禁烟，中英战争起，林则徐遭奸人陷害，被革职戍边，一时间，林则徐就像个悲剧英雄那样成为全国目光的焦点，很多人都觉得他没有东山再起的希望了，殊不知这正是他另一段功业的起点。林

新疆林则徐纪念馆

则徐从来都没有放弃报国的理想，在西行的旅途中，他荣辱不惊，一路吟诗，心情舒畅，同时又奋发向上。虽然沿途关山险阻，朔漠无垠，一路颠簸，但他仍能坦然地欣赏关外山川景色的雄浑与壮丽，在偏远的回疆脚踏实地，埋头建设，开创出一片新的局面，这种积极而大无畏的精神，值得我们后人效法。

林则徐的积极向上让他再次赢得了命运的垂青。道光二十五年九月，道光收到了垦荒工作圆满完成的报告，随即封林则徐为四五品京堂候补，召他回京。布彦泰被嘉奖晋升为陕西总督，至于协同林则徐的全庆，也被升为“擢内阁学士典礼部侍郎衔”。以年迈之躯奔波劳碌的林则徐终于打动了道光皇帝，再度被朝廷重用。

林则徐并没有想过要重回朝堂，加官封爵，身居要职多年的他早已看淡了宦海沉浮，他只想在余下的生命里为国家和百姓再做些实事，没想到这一番柳暗花明，又出现了转机，心中真是感慨万千。但林则徐还是很平静地接了旨，坚持完成了他要做的工作，然后才踏上东归的路。这时候的他，已经对西北壮阔的山川生出了几许情愫,竟然有些难以割舍了，“格登山色伊江水，回首依依勒马看”。

十一月的嘉峪关，风寒刺骨，远处的冰雪依旧清冷，林则徐终于和西北的风沙告别了，他将一生珍重这一段人生经历。

# 身行万里

# 回到中原

林则徐奉旨回京，长子汝舟早就等候在了甘肃玉门县。林则徐身体越发虚弱，一路的劳顿之后，显得非常疲惫，想要找个地方好好休息一下。然而在这偏远的小城里，旅店全都是狭小黑暗,肮脏不堪。一行人只好去和甘州的知县商量，看能不能先到公家的行馆小住一下，没想到这个县官竟然一口拒绝了。他见林则徐只是个远戍归来的谪官，不过是四五品的京堂候补，便不放在眼里。

原本布彦泰因在新疆垦荒的工作而受到嘉奖，被任命为陕甘总督，不料布彦泰还没到任，朝廷又降旨陕甘总督由候补四五品京堂三品担任，署三品总督。那位势利的县官开始的时候到处去找这位新到任的陕甘总督都找不到，后来才明白过来，就是早先那个远戍归来的谪官。

原来那个候补四五品京堂的小官，竟然一下子荣升为省内最高官，成为了他的上司。县官一下子慌了手脚，连连捶胸顿足，后悔不该怠慢林则徐一行人，吓得冷汗直流。

事已至此，县官也只好硬着头皮去向林则徐道喜，见到他们住在简陋不堪的小旅馆中，连忙请他们去公家的行馆居住。其实已经习惯边疆生活的林则徐对环境也不是十分挑剔，只不过是前两天实在觉得疲劳，便想找个舒服点的地方，此时林则徐自觉已经消除疲劳，过两天还得继续赶路，不想搬来搬去，就辞谢了县官。

第二天一大清早，知县就上门来邀请林则徐四处参观，林则徐也想出去散散心，于是欣然前往。知县带着林则徐游览，走着走着就到了行馆的门口，只见大门口贴着一副红联纸，墨迹还没干透。林则徐好奇地凑上前一看，上头写的是：

鹤鸣九泉其子迎　鸿飞遵渚我公归

林则徐觉得此联文采不错，不由称赞道："不错，不错！想不到在这么僻远的县城中，也有懂得文墨之人！"林则徐的称赞让知县松了一口气，忐忑不安的心总算定了下来。林则徐想要参观一下行馆，便信步往里走去，一进门才发现，原来自己的行李已经被搬到了这里，他回头看了看那个有些惶恐不安的知县，心中觉得好笑，他经历过了那么多风风雨雨，哪会因为这点小事与人计较，但如果不答应的话，恐怕这个知县就不能安心，所以林则徐笑了一下，和颜悦色地说道："也好，我们就在这儿住两天吧。"

通常封疆大吏被任命后都应入京复命。邓廷桢入关回京后，就曾前往觐见道光，据说当时皇帝对他说："我看你的才能，似乎不如林则徐。”然而道光虽然赏识林则徐的才干，却似乎不想面对他，于是在林则徐入关后，道光下了一道旨意：“毋庸来京，可赴任时，即赴新任。”回到中原的林则徐先后担任陕西巡抚、云贵总督，但是道光皇帝始终不召他入京，道光也许是心中有愧，不愿见林则徐，但很显然朝中也有人一手遮天，从中挑拨，不让林则徐有发表言论的机会。这一点从林则徐的官位中也可以看出来，林则徐生于江南，治理江南的时间也很长，对于那里的民情和政策的利弊都很清楚，但是当两江总督的位置空缺时，朝廷宁可任用李星沅也不用林则徐；林则徐回中原后总是在偏远地带任职，显然是朝中权臣的有意安排。

久戍边疆，和家人分开已久的林则徐十分希望和家人团聚，但是刚回来没多久，朝廷又是一纸诏令给了他新的任务，要他平定青海、甘肃边界的番族叛乱。林则徐只好留在甘肃，已经到了天寒地冻的季节，林则徐拖着年迈的身体，往来于甘、凉、西、湟诸郡，好几次受了寒瘴，病得差点没命。

那些作乱的番族十分猖獗，而且声势很大，根本就不把官兵放在眼里。而事实上这些官兵也是毫无军纪可言，根本不是那些乱贼的对手，导致番贼的声势像野火燎原般的壮大。

林则徐常常强调，要巩固国防，改善军备，必须要拥有现代化的武器不可。英国人曾经查获了林则徐在镇海铸的炮，发现竟然是仿造得很好的加仑炮，可见当时的兵工技术在林则徐的领导研究下已大有进步。

这一次平定叛乱，林则徐特意让曾经协助他制炮的黄冕留下，打算把西洋的制炮技术应用到实战当中去，经过了反复的实验，他们制作出来的大炮试放的效果极佳，威力巨大，士兵们见识后都非常兴奋，于是军心大振，个个奋勇冲锋，最终平定了叛乱。战后的善后工作，林则徐也是秉承着毋枉毋纵的原则，使得所有人心悦诚服。而后来的琦善就是因为滥杀无辜，再度遭受革职，最后落得个发放吉林的下场。

道光二十六年（1846年），中国的经济出现了很严重的问题。长期的鸦片贸易导致中国出现了银荒，贸易赤字很大，钱价也跟着波动，物价节节上升，人民的生活日益艰苦。原本通货膨胀的现象就很严重，而各地所采用的货币又不统一。东南沿海一带早已通用洋银；黄河以北通用的却还是纹钱与制钱；境内有银矿的云南多用银不用钱；西北地区由于贫困，货币还是多数用钱。

这时期林则徐担任陕西巡抚，为了改善农民的处境，他在这一地区实行农贷及平擢法，并督导那些官员帮助一些老幼废疾的平民，他自己更是承担了西安省城内三四千人的生活费用，这些经费一部分是自捐，一部分是筹募得来。虽然林则徐在陕西的任期只有九个月，但是那里的人们永远怀念他的恩德。

在陕西的时候，林则徐萌生了退隐之心，长期的操劳和颠沛流离，使他的身体越来越坏，疟疾和疝气也时常发作。也许是感觉到自己时日不多了，林则徐动起了分家产的念头，他将为官三十六年所剩下的仅有一点积蓄折为三股，分给了三个儿子。这些家产微薄得可怜，和同级别的大官们根本没法比，一向清廉的他还经常散尽家财去帮助百姓，这仅剩的家产还是林则徐为父母所置。而林则徐的父母也是生活节俭，从不贪图享乐的人，他们舍不得享用，又都给林则徐留了下来。现在孩子们都已长大，这些家产就只能留给孩子们了。

林则徐的清廉曾经让曾国藩感慨万千，他在给七弟国荃的信中说：

> 林文忠公三子分家各得六千串，督抚二十年，家私如此，吾辈当以为法。

## 告别宦海

随着身体越来越差，林则徐退隐的念头就越强烈，他曾因病向朝廷请求告老还乡，但是没有得到批准，朝廷只答应给他三个月的假期，然后派他代替李星沅，出任云贵总督，林则徐又要一路舟车颠簸地去西南。

云南是少数民族聚居之处，这些少数民族大多都民风彪悍，但是却经常被倚仗官势的汉人欺负，汉族和少数民族之间积怨已久，很难和平相处。数十年来，各族与汉族互不通婚，甚至经常发生斗殴事件，动辄有命案发生。地方官面对这种局面也是束手无策，结果事情越闹越大，终于在道光二十五年（1845年），爆发了永昌回民被杀的惨案，这就是林则徐到达云南之前的大体状况。

事情的起因是有个叫马大的回民，唱曲讥讽汉民，结果遭到汉人群起而攻之，连清真寺也没能幸免。事后汉人虽然已赔了钱，但是依旧纠纷不断。奉旨查办此事的官员罗天池和恒文处理不当，竟然纵容官兵大开杀戒，不分男女老幼，杀了4000多名回民，使得冲突升级，造成了悲剧。恒文的家丁黄溃更是乘机掳走了杜文秀的未婚妻，闹得四处腥风血雨。

永昌发生了这样的惨案，道光皇帝得知后十分震怒，立刻将云贵总督降为河南布政使，云贵总督改由李星沅继任。但是事态依旧没有多少好转,随后李星沅又被调任两江总督，林则徐继而成为了云贵总督，来收拾这个烂摊子。

汉回之间的仇恨由来已久，冤冤相报，其中的是非曲直很难判断，林则徐秉承着公正严明的态度，采用攻心策略，“不问汉回，只问良莠”。汉、回皆是国家的子民，对于朝廷来讲没有分别。百姓只分盗匪和良民，而没有汉回之分。以往出兵时总是声称剿办回匪，这本身就很不公平。

当地地方官处理乱事的办法，显得既低能又昏庸，杀了那么多的回民，实在是骇人听闻。林则徐认为从根本上解决问题，就要澄清吏治，他向来的主张就是“从政之道，察吏为先”，这次是汉人官员行为不当，更应该从此入手，为百姓找一位能干而心存仁义和公正的好官。通过在接见属下时的细心考察，他竭力推举张亮基，认为此人不但干练，而且很有操守，为官廉洁。在当时，封疆大吏举荐的人才一般都会被起用，但是如果此人出现了什么失误，那保举的人也会受牵连，林则徐对这个人很有信心，相信他会成为栋梁之材。果然，张亮基从当永昌知县起就一路升迁，不久就出任云南按察使，一年后升为云南巡抚，四个月后就成为了新任云贵总督，不负林则徐的一番栽培。

过了没多久，保山县又发生了骚乱，林则徐叫人传讯人证以便了解详情，不料在途中，这批人证都被保山的汉民劫走，护送人证的官兵也都被打伤，这些人公然与官兵为敌，烧毁了保山的县衙门，打开监狱滥杀回民，几乎到了疯狂的地步。

林则徐看到乱事发展到这种地步，这些暴动的民众如此嚣张，便亲自到大理派兵调度，打算实行武力镇压。

说起来，这起乱事和义和团的性质十分相近。有一个居住在大理的摆夷人名叫金混秋，此人靠卖药为生，头上总戴个铁盔，所以绰号叫“铁帽子”。话说湖南人沈聚成被砖块砸伤了头，敷用了“铁帽子”的草药后竟然痊愈了。沈聚成对“铁帽子”非常感激，觉得他能够妙手回春，就拜他为师，学会了配制“紧皮膏药”的秘方。根据沈聚成的描述，在制作这种膏药的过程中，需要念咒语，此药能够让人皮缩肉聚，刀枪不入。

道光二十五年，保山的汉族和回族之间又起争端，回民企图攻打汉人的金鸡村。沈聚成在这时成为了大家的领袖，他给大家服下紧皮膏药，村里的汉人个个都壮起了胆子，杀退了前来入侵的回族人，就连回人的大头目“九坎毛”也被汉人杀死。这一次大获全胜，大家都认为是沈聚成的功劳，纷纷要求他能长住在村中保护他们。

大家对“紧皮膏药”的功效深信不疑，“铁帽子”也就成了众人眼中了不起的人。更荒谬的是，传说“铁帽子”还会各种邪术，沈聚成的养子沈振达就暗地潜往土司处找到了“铁帽子”。“铁帽子”大言不惭地告诉他，他能腾云驾雾，又能招调阴兵，可以抵御千军万马的袭击，沈振达听了兴奋不已。

道光二十七年（1847 年），传来了回民入京控诉的消息，因此官府要召见人证。沈振达怕这些人证说出不利于自己义父的话，决定先下手为强。但是他还有些胆怯和犹豫，就在临行前去“铁帽子”那儿卜个卦，卦象显示此行是“上吉”，于是沈振达便有了胆气，打算大干一场。

保山县府对“铁帽子”妖言惑众的行为早就头疼不已，想要把他驱逐出境，但是沈振达在半途把他救了回来，接到金鸡村同住。这样一来，金鸡村的男女老幼都把“铁帽子”奉为神明，时常有许多人向他磕头行礼。“铁帽子”一时忘形，竟然对众人说，他已经可以调到两万多名的阴兵，这些兵马可以保护这里的人不受侵害。

村民听后个个勇气倍增，开始四处滋扰生事。林则徐恩威并施，尽量不动用武力，总算把这些人给安抚平定了。但是在他离职之后数年，这些人又再次闹事，官府为了平定叛乱足足花了十八年。

保山事件告一段落，但是如何处理那些受到伤害、家园败落的少数民族，是个困扰林则徐许久的大问题。他们的房舍已经被焚为灰烬，甚至祖坟都遭到破坏，当务之急是使他们重新回到正常的生活当中。

经过了一番考察，林则徐选中了距离保山两百里的官乃山。那里有一大片平地可以垦种，外狭内宽，被夹在怒江和雪山之间，易守难攻，山中有不与外界相通的夷人居住。土地已经有一部分被开垦，由官府出面买下这里的房舍果树，还发给那些回族同胞们三个月的粮食，林则徐还派人去一一修复他们的祖坟，使他们可以从容地安定下来，安抚他们的不满情绪，如果回民想要回山祭祖，林则徐就派官兵一路保护他们同行。回族同胞们开始了正常的生活，对林则徐也十分感激。至于保山一带回民的财产则被纳入公产，林则徐的处理方法得到了大家的认同。

处理完善后工作，林则徐又开始着手加强边防的警备力量，裁汰冗员和老弱残兵，年年更换防卫的将领，以免形成割据一方的势力。年迈的林则徐，雷厉风行的办事风格丝毫不亚于当年，经过一番整顿，地方上终于又恢复了平静。

在林则徐担任云贵总督期间，他的妻子赶到云南和他相聚，于道光二十八年（1848 年）病死在云南。林则徐心痛至极，仿佛受了很大的打击，从此健康状况一天不如一天。这么多年，林则徐一直没有像其他官员那样三妻四妾，夫人去世之后就一个人生活，后来有一天，老仆带来一位姓缪的姑娘，这位姑娘一心想要委身林则徐做妾。林则徐坚定地拒绝了，最后这个姑娘声泪俱下地说："先父误犯军法，大人明察恕其不死，一直无以为报，深感遗憾。他老人家临终时遗命小女伺候大人生活，如果无法完成父亲的心愿，那我只有一死以谢亡父！"林则徐无奈只得答应，从此这位姑娘照顾林则徐的起居生活，倒也是一位体贴的红粉知己。

岁月无情，让林则徐走遍大半个中国的道光皇帝也老了，他明白林则徐的忠心和廉洁，始终把各种重任交到他的头上，甚至有升林则徐为一品大员的打算，无奈林则徐已经请辞十余次了，再留他在官场就是强人所难了，于是道光这一次批准了他的请求，准他告老还乡。

林则徐从昆明起程时，云南百姓悉数前来送行，场面很是壮观和感人。只有真正为民着想的父母官，才会受到百姓真心的拥戴。数万人焚香载酒，眼含热泪地拥在林则徐的马前依依不舍。云贵交界处的岩壁上到处都刻着林则徐的种种德政，百姓的爱戴让林则徐感激涕零，很是欣慰。

林则徐在离开这个沉浮了多年的官场前，曾对他的僚属殷勤寄语，他传授了自己的为官心得，也表达了自己对未来的担忧：

"治理边陲，公勤仁明威五字缺一不可。守法能公，勤则可以消弭小祸。唯有大吏，才可以做到‘仁、明、威’三者兼具，使众心翕服。以我治滇不到三年所花费的心力，充其量可以维持十年的平靖。十年以后，就难以预料了！”

林则徐和道光的关系十分微妙，道光对林则徐的倚重也夹杂着很复杂的心理，所以他不愿面对林则徐，林则徐也始终未能与皇帝再见一面。林则徐内心的悲哀都流露在了他的诗中：

> 除书频添姓名标，自入关来未入朝。
> 谬向蛮方开节镇，又闻洋舶逞天骄。
> 澜沧昨夜枭声革，珠海何年蜃气消。
> 病榻呻吟犹未了，残灯孤枕警中宵。

## 为国求贤

林则徐一直都认为，自己能够有机会为国尽忠，都亏了张师诚的提携。能为国家物色人才，一直都是林则徐的愿望。所以在辞官之际，林则徐更加注重人才的培养，除了提拔张亮基之外，胡林翼也是很受他器重的一个人。

胡林翼是个很自负的人，曾经说过：“才者无求于天下，天下当自求之。”而此人也确实是有些才华，很懂兵略，还成为了陶澍的女婿，在父亲死后一直过着隐居的生活。林则徐从陶澍那里得知此人很有才华，自打返回中原后就开始极力推荐他。林则徐的赏识感动了胡林翼,最终决定不再隐居，走上仕途。后来胡林翼做到了湖北巡抚，同样不遗余力地提拔有用之才。而历史上著名的能臣左宗棠就是通过他最终被林则徐赏识的。

陶澍和左宗棠是儿女亲家，因此左宗棠和胡林翼也有着一层姻亲关系。开始，左宗棠的仕途很不顺畅，在湖南巡抚张亮基的府中做事，郁郁不得志，胡林翼就向林则徐推荐左宗棠，说他才堪大用。

左宗棠也是一个颇为自负的人，但对林则徐却格外敬重。道光二十九年（1849 年）九月,林则徐在三子的陪同下，扶着夫人的灵柩，由云南前往长沙。林则徐虽然是福建人，但是湖南朋友很多，众多文武官员都等着和林则徐见面，但是林则徐一看到左宗棠的拜帖,就立刻谢绝了其他人的邀请，单独请左宗棠入内吃饭。当时左宗棠不过是一个 37 岁的举人，林则徐的礼遇让他大感意外，也许是紧张的缘故，左宗棠竟然失足掉入水中，旁人将他从水中拉起，换上了一身干净的衣服。

这是一次历史性的交谈。湘江水流湍急，林则徐命人把船驶向幽僻的岳麓山下。船上主客言谈甚欢，林则徐的三个儿子陪侍在左右，这一场宴会一直持续到天色拂晓，左宗棠依依不舍地上岸，林则徐等人继续航行。

林则徐深感自己年事已高，想要为国效力也是心有余而力不足，此时他最大的心愿就是为国求贤，能够给更多的人提供报国的机会。如今他的朋友有些早死，如龚自珍，有些不得志，如魏源、姚莹等，他想要给国家推荐一位少壮派的后起之秀。当胡林翼再三向他推荐左宗棠“才堪大用”时，他就把此事挂在心上了，左宗棠熟悉兵法，林则徐对他期许很深。

林则徐在过去的六年里一直任职于西北、西南边陲，虽然他也时刻关注着中原的动向，但是他想要听一下中原人士对于时局的深层次的分析。这是一次推心置腹的长谈，林则徐和左宗棠着重讨论了“西北边疆”的问题。林则徐足迹遍布新疆各地，亲身经历及所见所闻都比其他人丰富，也就格外重视提防俄国人的种种阴谋和野心。林则徐把他的心事和新疆的情形坦然告诉左宗棠,并把自己收集的资料交付给他，希望左宗棠能够继承他的事业。林则徐的赏识和嘱托，让左宗棠感到肩负重任，以致日后左宗棠坚决反对李鸿章的亲俄抗日政策，不遗余力地投身西北。

得到了林则徐的赏识,左宗棠立刻就被许多人刮目相看，从此平步青云，身价百倍。后来他在黄冕那儿听到林则徐去世的消息，不禁悲从中来，失声痛哭。仅仅是湘江长谈之后的三百余日，左宗棠与他的伯乐便阴阳两隔。

林则徐逝世之后的第三十五年，左宗棠已是闽浙总督，有人要出版林则徐的三十七卷《政书》，邀请左宗棠写序。左宗棠怀念起当年，感慨万千：

军书旁午，心绪茫然，刁斗严吏，枕戈不寐，展卷数行，犹仿佛湘江夜话时也！

## 留名青史

正所谓无官一身轻，辞官的林则徐乘船顺流而下，在风景如画的南昌百花洲过年养病，在湖波万顷的湖面上一边观光，一边与老友相聚畅谈，心情格外舒畅。道光三十年（1850年）三月，满头白发、饱经风霜的林则徐终于回到了老家福州，看看自己，已经是“儿童相见不相识，笑问客从何处来”了！

过去的几十年里，林则徐东奔西走，行遍千山万水，每到一个地方就造福一方百姓，受到百姓真心拥戴。命运也许给了他许多的不公，但是他都勇往直前，不改初衷。在鸦片战争前，他为了国家为了人民而承受了多方压力，鸦片战争后，一些居心叵测的小人又对他中伤指责，最后被派遣边疆，但是他忍辱负重，壮志不改，以年迈之躯重又建功立业，造福了千秋万代。他曾自道：

已成头皓白　遑问口雌黄

林则徐屡次遭人陷害，但他完全不把这些恩怨放在心上，因为他不为功名利禄，只求问心无愧。虽然道光至死也没有召见他，但是他始终不忘道光曾经对他的知遇之恩。在他刚回到福州的时候，就传来了道光驾崩的消息，林则徐黯然恸哭良久。他设灵祭拜，感叹三十年来的君臣之交。

道光当朝三十年，林则徐也在这三十年里贡献了一生的精力。对林则徐而言，道光是赏识器重他的人，也是使他抑郁受挫的最根本的原因。没有道光，也就没有林则徐跌宕起伏的一生，但是道光也一手造成了林则徐的悲剧，他有举贤任才的眼光，却没有择善固执的决心，如果没有他曾经的动摇，也许林则徐会有更大的建树。如果道光相信林则徐所提出的“能战方能和”的原则,大清王朝说不定还有一次中兴。

福州城内文藻山的林则徐故居中，悬挂着他自拟的对联：

郊原雨足云归岫　台阁风清月在天

退隐后的林则徐过着平淡而温馨的生活，儿孙承欢膝下，满门朗朗的读书声让他感受到一种久违的平静。他还兴致勃勃地发起了“亲社”，教导族人的孩子们读书作文，在书香和孩子们的笑声中怡然自得。在这里，林则徐不再是那个曾经叱咤风云的一代人杰，只是一个和蔼可亲、诙谐有趣的老公公。

福州已经成为了通商口岸，林则徐也时常为没能赶走英国人而遗憾。但是依照约定，英人只能够居住在城外，可他们却偏偏选中了位于城中半山腰的积翠寺。那里环境清幽，古松夹道，林则徐还曾经对这里进行修葺。积翠寺是福州名胜，天气晴好的时候，城中百姓常常来此游玩，看朝岚暮霭，山色凝碧。而如今这份享受被英国人独占了，百姓十分愤慨，推举地方缙绅向官府抗议。

地方官哪里敢得罪洋人，无奈之下只好去请林则徐出面。林则徐早就看不惯这些胆小怕事的官员，不能为民请命，还百般迁就洋人，他毫不犹豫地挺身而出，同那些英国人据理力争，要把他们赶出积翠寺。

闽浙总督刘韵珂和福建巡抚徐继畬知道后吓得冷汗直流，他们害怕英国人会发兵来攻，打算上奏请示朝廷。中国官员们都惧怕林则徐，而那些英国人更惧怕林则徐，都知道他是鸦片战争中的头号强敌，丝毫不敢怠慢，马上答应迁出，百姓为之大喜。

福州林则徐广场

百姓纷纷称赞林则徐，让当局的两位大官相形见绌，他们为了给自己开脱，想以此事中伤林则徐，但是新登基的咸丰皇帝却不买账，他盛赞林则徐为乱世的中流砥柱、国家的坚固长城。咸丰的登基使得穆彰阿的势力大减，大学士潘世恩趁机力荐林则徐，嫉妒贤才的穆彰阿为此大为不悦，一再强调林则徐的健康状况已经不适合出仕，但咸丰对他的话不予理会。

当时林则徐两腿肿胀，行动困难，已经无法行跪拜礼了，但他的精神状态却很好，说话也不含糊，思路清晰。

当年九月，著名的广西金田起义爆发，在洪秀全和杨秀清的带领下气势不断壮大，林则徐听闻此事后指出：

“粤匪之乱，只要皇上派一位有威望的将帅前往消弭兵乱，应不至于蔓延太广，这也是国人之福了。”

没过多久，就有人向咸丰推荐派林则徐前去平乱，咸丰立即封林则徐为钦差大臣兼广西巡抚，赶往广西平定战事。穆彰阿不想看着林则徐有东山再起的机会，还想要从中破坏，不料引起咸丰大怒，将他革职永不叙用。

还在病中的林则徐勉强支撑着驰往广东，一时间广东百姓奔走相告，额手称庆。林则徐在广东的号召力无人能敌，许多仁人志士都组成志愿军等待着为他效力，也有许多乱党得知林则徐的到来而慌不择路地弃城逃跑。

林则徐连夜赶路，导致旧病复发，体力越来越虚弱，儿子林汝舟一直在旁边劝父亲好好休养，辞了这个钦差大臣的职位，林则徐却固执地说：“两万里冰天雪窖的漠地我都走过了，现在还怕什么？”

林则徐时刻谨记着一句话：“苟利国家生死以，岂因祸福避趋之。”只要有一口气在，他都放不下国事，只要民生一日不安，他就一日不能释怀，就这样靠着意志撑到普宁，终于在行馆中突然大叫三声：“星斗南！”就猝然去世了。

没有人明白林则徐临终前大叫的三声“星斗南”是什么意思，也许是星相学上某种凶兆，让他难以安心地离开。不管怎样，林则徐的突然去世，对大局都有很不利的影响。当时有谣传，说林则徐是死于别人的谋害。《南亭笔记》中记载，有人涂毒在轿中的扶手板上，林则徐感染了空气中的毒气而最终身亡。林则徐一走，太平天国逐渐壮大，成为清政府的心头大患。

各地百姓听到林则徐的死讯都纷纷失声痛哭，通城缟素，每天都有数千人到行馆祭拜，而上天似乎也在为林则徐致哀，广东一连几日浮云蔽日，天地间阴沉沉的一片，只听见海风不停地呼啸。

清军在太平军的攻打下连连败北，太平军一路东南，逐渐占领了大半个东南沿海。这次起义堪称是中国农民起义的最高峰，轰轰烈烈席卷了半个中国，清政府竭全国之力，耗时十四年方才平定。如果林则徐能够继续平定叛乱的话，说不定历史就会是另一番景象了。

林则徐的去世是清政府莫大的损失，咸丰下旨为他举行隆重的葬礼，追赠太子太傅，谥号文忠。在福建、江苏、云南、陕西等地都建有林则徐的祠堂。民国政府还为他在虎门筑立铜像，他的名字和精忠报国的形象将永垂不朽。为了悼念林则徐，咸丰皇帝还特意书写了一副挽联：

答君恩清慎忠勤，数十年尽瘁不遑，

解组归来，犹自心存君国。

殚臣力崎岖险阻，六千里出师未捷，

骑箕化去，空教泪洒英雄。